심리상담사의 마음 챙김

심리상담사의 마음 챙김

발행일	2024년 11월 7일

지은이	강명경, 김명서, 김양희, 모랫글, 소유, 송기홍, 이선희, 임성희, 정명자, 조미주		
펴낸이	손형국		
펴낸곳	(주)북랩		
편집인	선일영	편집	김은수, 배진용, 김현아, 김다빈, 김부경
디자인	이현수, 김민하, 임진형, 안유경, 한수희	제작	박기성, 구성우, 이창영, 배상진
마케팅	김회란, 박진관		
출판등록	2004. 12. 1(제2012-000051호)		
주소	서울특별시 금천구 가산디지털 1로 168, 우림라이온스밸리 B동 B111호, B113~115호		
홈페이지	www.book.co.kr		
전화번호	(02)2026-5777	팩스	(02)3159-9637

ISBN	979-11-7224-375-3 03180 (종이책)	979-11-7224-376-0 05180(전자책)

(주)북랩 성공출판의 파트너

북랩 홈페이지와 패밀리 사이트에서 다양한 출판 솔루션을 만나 보세요!

홈페이지 book.co.kr • **블로그** blog.naver.com/essaybook • **출판문의** text@book.co.kr

---

작가 연락처 문의 ▶ ask.book.co.kr

작가 연락처는 개인정보이므로 북랩에서 알려드릴 수 없습니다.

심리상담사의
마음 챙김

강명경, 김명서, 김양희, 모랫글, 소유,
송기홍, 이선희, 임성희, 정명자, 조미주 지음

🌱북랩

✳ 들어가는 글 ✳

마음 챙김이 필요한 우리 모두를 위하며

2024년 여름은 날씨가 무척 더웠습니다. 낮에만 기온이 높은 것이 아니라, 밤에도 열대야 때문에 잠을 설쳐야 했습니다. 연일 보도되는 뉴스에서 '역대급 폭염'이란 용어를 사용하곤 했습니다. '역대급 폭염'이라고 불리던 그해 여름, 10명의 심리상담사가 모였습니다. 그리고 하나의 작품을 만들기 위해 책을 쓰기로 했습니다. 심리상담을 전공한 심리상담사라는 것 외에는 특별한 공통점이 없는 사람들입니다. 성별도 다르고, 사는 곳도 다르고, 직장도, 나이도 모두 다른 사람들입니다. 그런데 같은 주제로 책을 쓰기로 하고 공저자로 모인 것입니다.

심리상담사는 내담자의 이야기를 듣고 내담자 스스로가 그 문제를 해결해 나가는 방법을 터득하도록 돕는 전문가입니다. 심리상담사가 내담자의 문제를 해결하도록 돕는 전문가이지만 심리상담사에게도 과거에는 아픔이 있었습니다. 지금은 해결된 과거의 이야기이나 다시 떠올리고 싶지 않은 일이기도 합니다. 그래서 그일들을 숨기고 괜찮은 척하며 살았습니다. 다른 사람에게 굳이 얘기할 필요가 없다고 생각했기 때문입니다. 그러나 그 이야기들을 여기에 글로 적었습니다. 어떤 작가는 그 이야기를 쓰면서 과거의 아픔이 다시 생각나서 글을 쓰는 동안 힘든 시간을 보내기도 했습니다. 여기 이 책에는 그 이야기를 진솔하고 담백하게 담았습니다. 지나온 과거의 이야기가 숨기고 싶은 아픈 부분일 수도 있지만 이 책을 읽는 독자들이 그 글을 읽으며 함께 치유되는 경험을 했으면 하는 바람이 있기 때문입니다. 과거의 일이 된 그 아픔의 시간을 돌아보니 그것이 우리를 단단하게 만들어 준 것이었음을 알았습니다.

이 책을 읽는 독자도 어쩌면 지금 힘든 시간의 터널을 지나는 사람일 수도 있겠지요. 그러나 힘든 시간의 터널은 입구가 있었던 것처럼 반드시 출구가 있습니다. 지금은 힘들어도 그 문제가 해결될 날이 분명히 올 것입니다. 이 책에는 그 희망을 담고 싶었습니다. 썼다가 지우고 또 썼다가 지우면서 한줄 한줄 써 내려간 이야기들이 이제는 책이 되어 출간될 날을 기다립니다.

이 책을 읽게 될 독자 중에는 심리상담사를 만나 상담받았던 분들도 있을 것이고, 또 어떤 분은 심리상담사가 하는 일이 생소하게 느껴지는 분도 계실 것입니다. 우리가 살아가는 사회에서는 '상담'이란 용어가 광범위하게 사용됩니다. 그중에 이 책에는 '심리상담사'의 이야기를 담았습니다. 이 책을 읽다 보면 심리상담사가 하는 일이 무엇인지 알게 될 것입니다. 또 어떤 과정을 거쳐 심리상담사가 되었는지도 알게 될 것입니다. 심리상담사가 되고 싶거나,

심리상담을 통해 도움받기를 원하는 사람에게 이 책이 도움 되길
바랍니다. 제가 어릴 적에는 제 주변에 심리상담사가 장래 희망인
친구는 한 명도 없었습니다. 저도 심리상담사가 어린 시절의 꿈은
아니었습니다. 그 당시에는 심리상담사가 있는 것조차 몰랐습니
다. 그런데 상담을 통해 만나는 청소년 중에는 "저도 선생님처럼
심리상담사가 되고 싶어요."라고 말하는 친구들이 있습니다. 자기
가 그렇게 힘들고 아프고 어려웠는데, 심리상담을 통해 자기의 문
제가 해결되면서 이 일에 매력을 느낀 것 같습니다. 그래서 어떤
청소년들은 심리상담사가 장래 희망이라고 말합니다. 물론 그렇게
얘기했던 친구들이 모두 심리상담사가 되는 것은 아닐 것입니다.
그래도 그만큼 심리상담에 관한 관심은 높아졌다는 이야기임은
분명합니다.

이 책은 다음의 순서로 이야기들을 담았습니다.

내 안의 어린아이, 심리상담사의 마음 챙김

'역대급 폭염'이라고 불리던 여름이 지나고 아침저녁으로 시원한 공기가 느껴지는 가을입니다. 농촌의 들녘은 황금빛으로 물들어 가고, 나무마다 맺힌 열매는 탐스럽게 익어가고 있습니다. 그 열매들은 머지않아 결실하게 될 것입니다. 이 결실의 계절에 책을 출간하게 된 것을 기쁘게 생각합니다. 이 책도 하나의 열매가 되어 독자의 마음을 풍성하게 했으면 좋겠습니다. 심리상담사가 겪은 과거의 경험들이 이제는 내담자를 돕는 자원이 되었습니다. 이 책의 저자나 독자가 겪었던 시간은 그것이 아픔이든, 슬픔이든, 아니면 기쁘고 행복한 순간이든, 오늘을 있게 하고 내일을 만드는 자원이 될 것입니다.

이 책의 공저자로 참여하신 작가님들은 각자의 위치에서 내담자를 만나는 심리상담사임을 이미 밝혔습니다. 서로 다른 현장에서 내담자를 만났습니다. 내담자가 어떤 문제를 가지고 찾아올지 모르는 상황에서 상담자에게 도움이 된 것은 학교에서 배운 이론과 과거의 경험이었습니다.

글쓰기 작업으로 신경이 날카로울 때 가족의 배려가 없었다면, 이 책은 나오지 못했을 것입니다. 조용히 기다리고 협조한 가족들에게 감사드립니다. 상담 현장에서 분주한 중에도 공저에 참여하고 일정을 잘 따라준 작가님들께 감사드립니다. 그리고 이 책이 나오기까지 처음부터 끝까지 도움을 주신 글빛현주 코치님께 감사드립니다.

모두가 행복하게 될, 그날을 꿈꾸며 오늘도 펜을 듭니다.
이 책을 읽는 모든 사람이 행복하시길 빕니다.

황금빛 벌판이 내려다보이는 서재에서
2024년 9월 29일 송기홍

✳ 차례 ✳

2장 내 안의 어린 나를 만나다

3장 누군가를 돌보는 것처럼

4장 마음 돌봄을 시작하다

1장

나는 누구인가

과거의 향기, 나를 만나다

강명경

살랑살랑한 봄바람이 분다. 코끝에서 나는 희미하지만 기분 좋은 바람 향기, 20대가 떠오른다. 설레면서도 긴장되고, 기쁘면서도 고독하다. 지금의 나는 지나간 일들의 희로애락 감정과 함께 있다. 흩날리는 벚꽃을 한 번에 잡으면 소원이 이뤄진대서 친구랑 잡아보려고 손을 뻗어보며 애쓴다. 서로 눈이 마주치자 그게 뭐라고 열심히 잡으려는지 싶어 같이 웃는다. 계절이 바뀔 때마다 느껴지는 아침 바깥공기의 첫 향은 학창 시절이 생각난다. 문득 떠오르는 순간들은 일상에서 얻는 행복 중 하나이다. 그러다 어느 순간, 무엇인가 반복되는 상태가 느껴진다. "혼란스럽다. 어떤 게 진짜 나의 모습이지?" 어디서부터 이렇게 된 건지 모르겠다. 그런데 벗어나고 싶다.

내 안의 나를 제대로 들여다보고 만나는 일은 어렵다. 애써 외면했던 과거를 돌아보기엔 용기가 필요하다. 2012년쯤일까, 벌써 10년도 더 지난 일이네. 학업과 일을 병행할 때였다. 1주일간 꼬박 밤샘 작업을 하고 상사 A에게 검토를 받으러 가면 퇴짜를 맞는다.

다시 수정하고 검토받는 과정이 반복된다. '무슨 일이 있어도 참고 버텨. 그냥 하자'라는 마음이다. 평가전을 하루 앞두고 상사 A에게 마지막으로 검토받는 날, 그는 "이따위로 해놓고 네가 뭘 해? 네가 그럼 그렇지. 그냥 때려치워!!"라며 소리를 지른다. 매일 늦은 새벽까지 한 글자씩 썼던 노력이 담긴 종이들은 눈앞에서 갈기갈기 찢긴다. 그리고 나를 향해 세차게 내던져진다. 모두 허공으로 분산된다. '버티다 보면 좋은 날이 올 거야' 하며 결과만을 생각하고 참았다. 그런데 하루아침에 물거품이 되고, 나 자신도 없어지고 있었다. 한 번도 경험해 보지 못한, 말로 표현할 수 없는 감정들이 쏟아진다. 그 이후로 휴대폰에서 전화벨 소리나 진동이 울리기만 해도 흠칫 놀란다. 수신을 확인하기도 무섭다. 특정 지역 이름과 관련된 초성을 마주하기만 해도 벌벌 떨렸다. 두려운 마음이다. 지금도 생각하면 몸에 소름이 돋고 손끝이 쭈뼛 선다. 무섭고 감당하기 힘든 그때의 사건은 나에게 뿌리 깊게 박혔다.

그 당시 추운 겨울 밤샘 작업 후 늦게 귀가할 때 자주 맡았던 차갑고 무거운 공기의 향이 있다. 그 향이 코끝을 스칠 때, 예전의 감각들이 사진처럼 떠오른다. '그땐 그랬지. 힘들었지'라는 마음으로 흘려보낸다. 그때로 돌아가 머물러서 나를 마주하고 바라보는 건 쉽지 않다. 과거에 경험했던 사실과 감정들을 시간 흐름대로 맞추는 건 어렵다.

이후에 나는 무언가를 꼭 하고자 마음을 먹었는데 며칠 못 가서 나태해진다. 힘든 걸 박차고 앞으로 나아가야 하는 데 축 처진다. '그냥 되는대로 하지 뭐'라고 합리화한다. 성과를 내고 도전해야 하는 일을 앞둔 상황이면 마음만 의욕적이다. 추진력이 떨어지고 반복되는 무기력함… 이런 상태가 과거 경험과 관련된다는 걸 몰랐다. 익숙해진 패턴으로 피곤해서 그랬겠거니 싶었다. 상처가 없다고 생각하며 지내던 세월이다. 내면으로 들어가서 바라볼수록 직접 마주하기가 두렵다. 단단하게 굳어진 작은 알을 살짝만 건들어도 금이 생기면서 와르르 다 무너질 것 같다.

'내가 나를 많이 억눌렀구나. 억압하면서 살아왔구나'

나는 다방면으로 완벽하게 모든 걸 잘하고 싶다. 이왕 하는 거 내가 원하는 방향대로 삶을 이끌어가는 주인공이길 원한다. 나는 누구에게나 인정받는 커리어우먼이 되고 싶다. 능력이 있고 당당한 사람, 어른다운 어른의 모습은 나이가 들면 당연히 되는 줄 알았다. 바라는 대로 다 이루어질 것 같았다. 그런데 살다 보면 마음과는 달리 원하는 대로 안 될 때가 많다. 삶에서 지치는 순간들을 통해 배움이 있다는 것은 몸소 경험하고서야 깨닫는다. 앞만 보고 달리다가도 나도 모르게 브레이크 걸리는 순간이 온다. 한없이 다운되어 갈 때, 일부러 찾아서 듣는 노래가 있다. '박차고 태어나서 겁날 게 뭐가 있나. 깨지고 박살나도 제대로 한 판 붙어봐. 딱 한 번 인생인데 기죽고 살지 마라. 가슴을 활짝 펴고 멋있게 사는 거야' 박현빈의 노래 '대찬 인생' 가사다. 노래가 나를 위로해준다. "그래, 이왕 태어나서 한번 사는 인생, 무겁게 느끼지 말고, 눈치 보지 말고 하고 싶은 거 하면서 살아 보자." 되뇌인다.

아직 찬바람이 느껴지는 3월, 꽃가지에 살짝 나온 봉오리가 새로운 봄의 시작을 알려줄 때쯤 다시 일을 제대로 해 보자고 다짐한다. '개인 시간을 줄여서라도 일에 매진해 봐야지'. 학교에 다니며 뭐든지 처음인 20대에는 배우는 학생이라는 이유로 심부름이나 청소부터 시작한다. 무슨 일이라도 불만 없이 했다. 학교를 졸업하고 본격적으로 홀로서기에 나섰을 때는 이제 막 사회에 나와 발을 붙이려고 하는 시기다. 이때는 업무시간이 끝났는데도 부르면 즉각 나가야 했던 대기조. 중간 상사들의 기분에 따라 달라지는 태도를 아무렇지 않다는 듯 모른 척 하는 게 그곳에서의 룰이다. 어디에 장단 맞춰야 할지 모르는 감정노동자. 언제까지 이 시간과 과정을 거쳐야 하는지 답답하고 막막하다. 열정페이를 당연하게 느끼는 집단에 속해 있다. '하라면 해'라는 막무가내 방식은 받아들이기 어려웠지만, "남들 놀 때 덜 놀고 열심히 달리다 보면 되겠지." 힘들어도 발전 가능성만 바라보며 스스로 합리화시킨다. 그렇게 견디면 어떤 일이든 해내는 능력을 갖추게 될 거라고 버티기 작전이다. 그러면 좋은 날이 올 것 같았으니까.

현실의 세상은 달랐다. 말을 하지 않으면 손해다. 적극적으로 따져 묻지 않으면 억울하다. 그래도 나는 말을 못 한다. 내가 원하는 커리어우먼의 자세는 인성이 중요했다. 나에게 인성은 어른에게 따져 묻지 않고, 공손해야 하며 타인에게 해를 주는 행동은 하지 않는다. 그리고 매 순간 자신의 일에 최선을 다한다. 인생에서 원하는 것을 얻는 방법은 최선을 다해 열심히 하는 것이라고 배웠다. 그래서 나에게 일을 대하는 태도는 중요하다. 바르게 살자고 의식하지는 않았지만, 난 그렇게 행동하고 있다. 완벽하진 않아도 최선을 다하는 것은 어떤 일이라도 해내는 데 성공하는 힘이라고 믿는다. 이런 노력 자체도 잘 해낸 것이다. 그래서 싫어도 싫은 티 내지 못한다. 억울해도 내가 참고 만다. 그런 방식으로 나를 억누른 채 산다. 계절을 느끼고 사는 게 소원인 채로 하루가, 한 달이, 일 년이 어떻게 가는지 모르게 산다.

열심히 사는데 이상하게도 나의 존재와 능력이 부족하게 느껴지는 건 왜일까. 이때 가슴을 훅 치고 무언가가 들어온다. '이게 나의 한계인가, 이 정도 뿐인가' 내 가치가 혼란스러워진다. 답답하고 한심하다. 앞이 캄캄하고 슬펐다. 한없이 아래로 내려간다. 쉴 새 없이 에너지를 쏟는다. 지치도록 하지 않으면 노력을 덜 한 것 같고, 불안해서였을까. 나의 상태는 번 아웃 직전이다. 지금 생각해 보면 나는 번 아웃 직전의 상태를 마치 영광의 상처처럼 여기고 있었다. 오랫동안 나를 옭아매던 무언가에서 깨어나 박차고 나와야 한다. 예상치 못했던 이런 고통에서 벗어나고 싶다. 내가 할 수 있는 만큼 한번 해 보자, 묻고 따지지 말고 가능한 대로 일해 보자. 내가 마음만 먹으면 가능하다.

그렇게 나는 또다시 질주한다. 개인 시간을 줄이고 일에 집중하기 시작했다. 천안, 평택, 안성, 대전, 안양, 이천 등 시간만 되면 거리 상관없이 일을 잡았다. 물이 들어오면 노를 젓듯이 바쁘게 몰아쳤다. 다행히 결과는 생각보다 만족스럽다. 이 새로운 경험은 자체 능력 평가 같았다. 조급한 마음일 때는 의도와는 다르게 계속 어긋났다. 마음을 비우고 가능한 만큼 해 보자 하니 서서히 연결고리가 생긴다. 일도 많아진다. 피곤해도 즐겁고 기쁘다. 진심으로 일하는 건 행복하다. "나도 할 수 있구나, 나의 한계가 저 바닥이 아니었구나." 오랜 시간 참고 인내한 시간이 빛을 발한다.

주말 밤낮없이 빡빡한 스케줄로 지내던 무더운 6월 저녁, 갑자기 몸이 이상했다. 잠을 자면 나아지겠지 싶었다. 다음날에도 컨디션이 이상해 열을 재보니 39도다. 목소리도 안 나온다. 누워있어도 앉아있어도 어지럽고 세상이 노랗다. 금방이라도 쓰러질 것 같다. '한 번도 이런 적이 없었는데, 지금 아파서 쉴 때가 아닌데…' 오만 가지 생각이 든다. 아픈 것보다는 할 일을 못 하는 게 정말 싫다. 말로 하는 직업이라 목소리가 안 나오는 게 가장 걱정이다. 어떻게든 빨리 나아야지. 생전 처음으로 응급실을 갔다. 면역력이 너무 떨어졌고 체력이 고갈되었다니. 참 미련스럽다. '무엇을 위해 내 몸 돌보지도 않고 정신없이 일만 했지?' 무엇을 위해 돈을 버나. 응급실에 누워 링거를 맞는다. 열이 떨어질 때까지 기다린다. 너무 극단적이었다. 나의 삶은 한쪽으로 기울어진 시소 같다. 한 가지에 몰입하는 건 좋지만 내면의 현재 상태가 좋지만은 않다. 쉬지 않고 일을 몰아친다. 컨디션 상관없이 스케줄을 빡빡하게 잡는다. 나 자신을 스스로 혹사하고는 회복이 더딜 만큼 아프다. 또다시 나를 돌아봐야 할 시간이 필요하다. 불도저처럼 몰아붙이면 다 될 줄 알았다. 사용할 수 있는 총량의 에너지가 있다. 내 능력도 중요하지만, 무엇보다도 나 자신의 균형이 우선인데 말이다. 내가 원하는 한 가지만 몰아세우지 않고, 균형 잡힌 삶에서 있어야 다른 사람을 지속해서 돌보고 도움을 줄 수 있는데도 망각했다. 진정으로 누구에게나 인정받는 커리어우먼이 되려면 나 자신을 먼저 돌보는 것이 중요한 것이 아닐까.

오늘도 자유로운 내가 좋다

김명서

삶의 마지막 순간, '중요한 것을 놓치고 살았다'는 후회를 하지 않을 수 있을까?

나이가 들면서 내가 중요하다고 생각하는 것들이 바뀌었고 지금도 바뀌고 있다. 어릴 적엔 살아가면서 무엇이 중요한지 집중하지 못했다. 생각해 보지도 않았다. 주어진 순간에 집중하며 즐길 거리를 찾았다. 그 순간을 누리며 행복했다. 부모님은 하지 말라며 말리거나 잘못했다고 꾸중하지 않았다. 결과에 대한 평가는 거의 받아본 적이 없었다. 결과보다는 결과로 인한 문제를 해결하는 부분에 집중하셨다. 그래서 다른 사람들 눈치를 보지 않았고 하고 싶은 대로 했다. 놀이에 빠져 키득키득 즐거워하는 모습을 보면서 부드러운 미소를 지으며 흐뭇하게 바라보셨던 아빠의 표정이 생각난다. 참새를 잡겠다고 쌀을 퍼서 마당에 뿌려대는 놀이에 엄마도 혼내기보다는 놀이를 함께 했다. 할머니는 쌀이 아깝다며 꾸중하려 치면 아빠는 지금 해 보지 언제 해 보겠냐면서 우리를 감싸주셨다. 빗속에서 우산 없이 물놀이하고 들어오면 흙탕물로 범

벅이 된 옷은 스스로 빨도록 했다. 어린 동생들도 예외는 아니었다. 동생들이 수돗가에서 쭈그리고 앉아 작은 손으로 옷을 조몰락거리면 첫째였던 나는 내 옷을 다 빨고 나서 동생이 옷을 빠는 일을 거들어 주었다. 선택과 자유에 따라오는 책임을 배웠고 자연스럽게 형제 간에도 우애가 생겼다. 그래서인지 우리 형제는 자라면서 싸운 기억이 거의 없다. 그렇다고 마냥 모든 걸 허용한 건 아니었다. 어른에 대한 예의를 중시하셨던 아빠는 예의만 지키면 거의 다 눈감아주셨다. 개성이 강한 형제들은 서로 그러려니 한다. 가끔 다른 형제들과 합세해서 놀리듯 흉도 보지만 크게 상처받지도 않는다. 이런 환경에서 자라서인지 삶에 긍정적인 태도를 가졌다. 호기심을 가지고 삶을 대하며 끈기도 있다. 약속하거나 결정한 일은 책임을 다하려고 노력한다. 이런 나를 보며 순발력과 재치가 있다고 말해 주는 사람도 있다.

초등학생 때 그저 순간에 충실하며 놀이를 즐겼다. 느끼는 대로 표현하고 보이는 대로 말하며 행동했다. 친구 옥이가 만들어준 대나무 화살을 메고 본 적도 없는 산토끼를 잡겠다고 산속을 돌아다녔다. 어릴 적엔 텔레비전에서 방영하던 '미래소년 코난'이라는 만화 영화를 즐겨봤다. 바람 부는 언덕 위에서 흔들리는 풀밭을 달리던 코난 모습이 떠올라 바람에 흔들리던 청보리밭에 들어가 달리기도 했다. 푹신한 보리잎 침대를 만들어 눕기도 하면서 놀았다. 그 밭은 동네 호랑이 할아버지 보리밭이었다. 할아버지께서 '거기 누구냐? 얼른 나와라. 밭 망가진다!' 소리를 지르면 우리는 웃음을 참으며 더 납작 엎드려 낮은 포복으로 기어 도망쳤다. 꼭

전쟁놀이 같아서 그 순간이 즐거웠다. 지금 생각해 보면 거기서 노는 아이들은 나와 친구 옥이밖에 없기에 누구 집 자식들인지 다 알고 계셨을 텐데 버럭 소리치며 나가라고만 하셨지, 집으로 찾아오지는 않으셨다. 지금 그렇게 놀았다면 경찰서로 몇 번이고 불려 갔을 것이다.

중학생 때 사춘기라서 그랬는지 학교 교정에 있는 플라타너스 그늘 아래에서 사색을 즐겼다. 무슨 생각들을 했는지 딱히 생각나는 기억은 없다. 초등학생 때 비 오는 등굣길에 우산을 담벼락에 숨겨두고 넓은 토란 잎사귀를 우산 대신 쓰며 즐거워했던 내가 교정에 떨어진 플라타너스 나뭇잎을 주워 시를 지어 적거나 그것들을 모아 코팅을 해서 선물을 하기도 했다. 자작 시집을 만든 기억도 난다. '짜라투스트라는 이렇게 말했다'라는 어려운 철학적인 느낌의 책을 읽는 내가 특별한 사람이 된 듯한 기분에 고취되어 빈 노트에 글을 발췌하고 내 생각과 느낌을 적기도 했다. 중학생이 되어 숙이와 친구가 되었다. 서로를 가장 친한 친구라고 여기며 비밀을 공유하면서 절친이라는 의미에 집중했었다. 과학 선생님이 좋은데 편지를 써서 전달하는 방법이나 소풍을 갈 때 음료수를 드려야 할지 말지에 대한 고민을 털어놓으면서 학교생활의 의미를 공유했다. 열띤 토의를 하며 우정을 주고받았던 숙이가 중3 올라가는 겨울방학 때 고등학교 진학을 위해 서울로 전학을 갔다. 서울 간 숙이와 한 학기 내내 매주 편지를 주고받으면서 안부를 물으며 서로를 그리워했다. 다른 친구와 친해지는 행동은 숙이를 배신하는 거라는 생각에 다른 친구들에게 마음을 주는 게 힘들었다. 그래서일까? 지금 생각해 보면 그 시절 친구가 많이 없었다. 차 냄새만 맡아도 토하던 나는 중학교 3학년 때까지 거의 동네를 떠나지 않았다. 버스를 타고 이동하는 건 죽음을 선택하는 것처럼 고통이었다. 그런 내가 집에서 45분 버스 이동 거리에 있는 여고에 입학했다. 옆집에 살던 친구는 다른 지역에 있는 여상에 입학했고 자취를 시작했다. 우리는 서로 만나서 이야기하는 게 서먹서먹해졌다. 우리 동네에는 내 또래 여자가 나를 포함해서 3명인데 나만 여고에 입학했고 두 친구는 각각 다른 지역 여상에 입학했다. 방학 때만 잠시 만나서인지 점점 마음의 공감대를 형성하기가 어려웠다. 거리감을 느꼈다. 친한 친구들을 또다시 잃어버리는 기분이 들었다.

고등학생 때는 학교 앞 정류장에서 마을에 있는 정류장 사이만 오고 갔지, 시내를 여기저기 다녀본 적이 손에 꼽을 정도로 거의 없었다. 집과 학교만 오갔다. 그래서일까? 친구와의 추억이 떠오르지 않는다.

대학생 때는 짝사랑했던 동기생과 학점, 임상병리사 자격시험이 관심사였다. 졸업 후 병원에 취업했다. 얼마 지나지 않아 4살 터울 여동생이 교통사고로 크게 다치면서 우리 집에 심리적, 경제적 위기가 왔다. 그때까지 큰 어려움 없이 살았는데 이때 시련이라는 단어가 내 삶에 들어왔다. 그래도 견딜 만했다. 그저 큰딸로 동생들 돌보고 집안일하고 주말은 반납한 채 병원 중환자실로 달려가 아픈 동생 곁을 지켰다. 괴로워하는 동생을 지켜보며 아무것도 할 수 없고 바라만 봐야 하는 아픔이 가슴을 콕콕 찔러댔다. 동생이 살아있다는 사실이 고마울 따름이었다. 통증으로 힘들어하는 동생이 조금이라도 덜 아프기를 바랄 뿐이었다. 그렇게 1년이 지나고 많이 회복된 동생은 내가 근무하는 병원으로 옮겼다. 누적된 피곤과 스트레스 때문인지 사춘기 때에도 여드름이 없던 얼굴은 붉은 뾰루지로 가득 찼다. 몸과 마음은 지쳐 있었다. 6개월이 지난 후 얼굴이 차츰 좋아질 무렵 동생이 퇴원하면서 무거웠던 마음이 가벼워졌다.

쉰 살이 된 지금도 비 오는 날 토란잎을 우산 대신 쓰고 뛰어다니던 초등학생 때를 떠올리면 행복하다. 상상만으로도 자유를 느낀다. 지금도 그 추억을 재경험하고 싶은 욕구가 내 안 어딘가에 있다. 하고 싶은 대로 해 보고 싶다. 상상은 날개가 달고 날갯짓을 하지만 '생각' 자물쇠는 나의 페르소나를 일깨운다.

'나는 엄마다. 상담사다. 그리고 여자다.'

나에게 물어본다.

'심리적으로 온전히 독립했는가?'

마음속 깊이 울림이 들린다.

'오늘만큼은 자유로운 나로 살기를 선택하자. 해 보지 않고는 모른다.'

나의 묘비명에 이 말을 남기고 싶다.

삶의 마지막 순간, 후회 없이 살다 간다. 그러니 나를 생각하며 아파하지 말라. 나와 함께 했던 순간들이 스쳐 지나가는 산들바람처럼 흘려보내 주길 바란다. 함께라서 행복했다고 말해 주길 소망하며 나의 묘비 앞에서 이 글을 읽는 당신에게 "고맙고 사랑한다."

나와 마주하다

김양희

'나는 나인가?'라는 '나의 본질'이라는 대명제 앞에 잠시 생각에 잠긴다. 지는 걸 싫어했고, 또래 친구들보다는 언니들과 어울렸던 기억들이 어렴풋하다. 초등학교 저학년 때까지 도시에서 떨어진 전남 신안의 작은 섬에서 살았다. 70년대 초 새마을운동 바람에도 불구하고 내가 살던 작은 섬마을엔 슬레이트집들과 초가집들이 함께 공존하던 시기였다. 작은 섬마을과는 어울리지 않게 우리 집은 타일이 깔린 욕실과 방엔 붙박이장이 있고 나무로 된 큰 대문을 열고 나가면 면사무소와 경찰서 등이 모여 있는 '읍내'였다. 그곳에서 나는 빨간 구두와 꽃 레이스가 달린 원피스를 입고 다니는 양조장 집 딸이었다.

사랑이 넘치는 엄마와 사업을 잘해서 경제적으로 능력이 있는 아빠. 착한 성격의 오빠 한 명과 사소한 것에도 자주 티격태격했던 남동생까지. 그런데 중학교 시절까지의 나를 생각하면 친구들과 어울리고 친구들과 함께 무엇인가를 했던 기억이 별로 없다. 왜일까? 가만히 생각해 보니 친구가 없었다. 지금 생각나는 친구도 딱히 없다. 성인이 된 후 지인들을 통해 들어 보니 시골에서 자란 사람들은 모두가 친구라더라, 여름이면 개울가 물놀이에, 참외 서리 등 추억도 많고 대소사에도 팔을 걷어붙이며 자기 일인 양 돕고 특별한 우정을 넘어 끈끈한 인간애가 느껴지기까지 했다. 그런 친구들을 두고 있는 사람들이 부러울 때가 있었다.

섬에서 살던 어린 시절 유일하게 어울렸던 언니들 두 명이 있었다. 오빠와 친구였던 언니들은 나와 비슷한 환경이었다. 하루가 멀다고 놀러 다니던 옆집 명자 언니 집에 피아노가 들어왔다. 학교에서는 '풍금'을 치던 시절이었기에 어린 내 눈엔 피아노가 신기하고 좋아 보였다. 하얀 건반 위에서 손가락이 움직일 때마다 소리가 나는 것이 재밌었다. 그런 내가 피아노를 만지기라도 하면 "안돼 나 지금 연습 중이잖아."라며 손도 대지 못하게 하고 혼자서 피아노 연습에만 집중했다. 그럴 때면 나는 명자 언니의 피아노 연습이 끝나기만을 기다려야 했다. 얌전히 말을 잘 들어서일까, 하루는 언니가 젓가락 행진곡이라며 나에게 그 하얀 건반을 만져 볼 수 있도록 허락해 주었고 직접 가르쳐 주기까지 했다. 우린 그렇게 둘이서 하나가 되어 신나게 젓가락 행진곡을 같이 연주했다. 어린 시절에 나는 바깥에 나가 노는 시간보다는 집에서 종이 인형의 옷을 직접 그리고 만들어 입히는 놀이를 하거나 손에 수건을 걸치고 사극 놀이를 하며 놀았다.

아빠의 사업 변경으로 초등학교 4학년 1학기를 마치고 우리 집은 도시로 이사했다. 오빠는 중학교 진학 문제로 초등학교 6학년 학기 초에 먼저 도시로 나갔다. 여름방학을 맞아 오빠는 집에 오면서 용돈을 모아 시골에선 보기 드문 학용품에 장난감 등을 사왔다. 오빠와 아빠를 통해 어렴풋이 느껴지는 도시는 뭔가 멋지고 대단한 풍경이 펼쳐질 것 같았다. 그렇게 도시에 대해 동경을 품고 전학 간 학교는 한 학년에 4개 반뿐이던 섬마을 학교와는 달리 한 반에 60명가량, 11개 반이나 되었다. 운동장은 어찌나 크던지 어린 내 눈에 비친 학교의 규모는 날 긴장하고 숨이 막히게 했다. 쉬는 시간이면 아이들 소리로 왁자지껄하고 정문 앞에 자리하고 있는 문방구엔 섬에서는 보기 드물었던 문구용품들과 장난감, 인형, 보석 반지 등 여러 가지가 눈길을 끄는 것들이 펼쳐져 있었으며 80년대 초는 야구 열풍이었던 시절이라 해태 타이거즈 선수 얼굴 스티커에 종이 인형 옷 입히기는 어찌나 종류도 예쁜 것들도 많은지 고를 수조차도 없을 지경이었다.

하지만, 그렇게 시끌벅적하고 화려한 물건들과 많은 친구가 있는데도 적응을 잘하질 못했다. 2학기에 새로 전학을 왔다며 친구들 앞에서 겨우겨우 작은 목소리로 인사를 하고 키가 크다는 이유로 선생님은 맨 뒤에 앉게 했다. 쉬는 시간 친구들은 서로서로 친하게 노는데 난 어울리질 못했다. 친구들이 노는 것을 지켜보며 마치 나도 같이 참여하여 노는 그것처럼 자리에 앉아 미소지며 친구들 노는 걸 지켜본다거나 함께 노는 상황이 오더라도 적극적으로 참여하거나 나의 의견을 표현하기보다는 다수의 의견을 따라가는 등의 소극적인 모습을 보일 때가 더 자주 있었다.

그래서일까? 상담프로그램으로 학교에 들어가면 쉬는 시간 책상에 혼자 앉아 친구들 노는 모습이나 이야기하는 것을 관찰하며 갈망의 눈빛으로 바라보는 친구들이 유독 눈에 띄고 잘 보인다.

지금 생각해 보면 어린 시절부터 사람들과 관계 형성하는 것에 대한 어려움이 있었던 것 같다.

자연스럽게 어울리며 감정과 생각을 표현하기보다는 속으로 삭이거나 참고 끙끙대며 꽁해서는 혼자 억울해하는 아이였다.

상담 공부를 하며 나의 핵심 감정이 '외로움'이라는 것을 알아차렸다. 감정을 나누거나 표현하는 방법이 서툴렀다. 특히 부정적인 감정을 있는 그대로 표현하는 것이 어색하고 방법을 몰라 가슴이 두근두근할 때가 많았다. 왜였을까? 나는 부정적인 감정을 표현하는 것에 더 어려움을 느꼈다.

아빠는 사업적으로 소질이 있으셨는지 경제적으론 큰 어려움은 없었다. 하지만, 아빠를 떠올리면 '무섭다', '어렵다'라는 감정이 가장 먼저 올라온다. 무엇이든 잘하길 바라셨고 남보다 앞서길 바라시는 무뚝뚝하고 욕심이 많은 분이셨다. 섬에서 살던 어린 시절부터 공부할 수 있는 여건과 환경을 마련해 주기 위해 노력하셨기에 우리 삼 남매는 늘 각자 공부하기에 부족함 없는 공부방을 가질 수 있었다. 기대에 부흥이라도 하듯 성적표에 '수'가 대부분을 차지했던 오빠와는 달리 나의 공부 실력은 그렇지 못했다. 그 후로도 대학이라는 목표를 위해 아빠는 성적과 공부하는 방법 등에 관심이 많았으며 그때는 불법이었던 개인과외까지도 불사하셨다. 무엇인가를 잘못할 때면 더욱 단호하고 엄격한 말투로 혼을 내거나 핀잔을 주셨으며 그럴 때면 위축되고 긴장되어 잘할 수 있는 것까지도 실수하고 잘못할 때가 있었다.

지금도 가끔 윗사람들을 대할 때면 경직되거나 잘하려고 애쓰는 모습을 보면 나 자신이 안쓰러울 때가 있다.

"저 사람은 어떻게 저 상황에서 차분하게 말할까? 어떻게 자신의 감정이나 생각을 말할 수 있을까?" 부정적인 상황에서 여유 있게 표현하는 사람들이 부러웠고 그들을 닮고 싶어 관찰할 때가 있었다.

상담영역에 입문하고 나를 알아가는 시간을 통해서 비로소 나와 마주하게 되던 첫 기억이 있다.

힘들었다. 외로움에 움츠리고 있는 작은 아이를 봤다. 안쓰러워 안아주고 싶은 마음과 "괜찮아 그럴 수 있어."라고 말해 주고 싶었다. 인정받으려 노력해 보지만 그와는 반대로 흘러갈 때가 있어 더 안타까웠다. 어쩌면 잘하려 노력하면 할수록 긴장하여 몸과 마음에 힘이 들어갔던 것 같다. 힘을 빼는 연습을 하기 시작했다. 오늘도 나의 몸과 마음에 마주한다. 어깨에, 목소리에, 눈에, 마음에 힘이 들어가 있는지 살핀다. 긴 호흡과 함께 힘을 빼 본다.

모래밭에 발자국을 남기는 꿈을 꾸고

모랫글

'30년 후 오늘 나의 일기'

오늘도 내 아침 시간은 초 단위로 움직여야 했다. 화장과 머리를 매만지며 부엌을 오갔다. 다행히 어제 먹다 남은 찌개가 있어 아침상을 준비하는데 수월했다. 아이들을 깨워 밥을 먹였다. 운동장 조회가 있는 날이라 옷을 갖춰 입고 나가야 했다. 봄 바바리와 스카프를 착용했다. 이게 문제였다. 신경 써서 입고 나가면 꼭 사달이 난다. 3월의 꽃샘추위는 옷 속을 파고들었다. 어김없이 감기에 걸린 것 같다. 지금도 으슬으슬 춥다. 이번 해에 만난 우리 반 아이들은….

1985년 3월, D 여자 중학교 3학년 2반 교실. 담임이 30년 후 오늘 나의 일기를 써보라고 했다. 새 학년을 시작하며 학습과 삶에 동기를 불어넣어 주고자 하는 의도였다. 나는 국어 시간이 좋았다. 흔히들 교사를 좋아하면 그 과목의 성적이 좋다고 한다. 국어 교사도 좋았지만, 외우고 이해하는 것이 남다르게 빨랐다. 국어 교과서에 나오는 시와 시조, 현대 문학작품에 대한 해석들이 그렇게 재미있을 수가 없었다. 자연스럽게 대학교수도 고등학교 교사도 아닌 중학교 국어 선생님이 되고 싶었다. 그래서 30년 후 나의 일기에도 중학교 교사로서의 일상을 적었었다.

그러나 나의 삶은 뜻대로 흘러가지 않았다. 가난한 소작농의 장녀로 대학 입학은 엄두도 못 냈다. 공부를 잘하는 남동생과 여동생이 있었기 때문이다. 공부한 것이 아까우니 남들 따라 시험만이라도 보게 해 달라고 졸랐다. 그리고 원하는 대학에 합격은 하였으나 차마 입학하겠다는 소리가 나오지 않았다. 도망치듯 집을 나와 사회생활을 시작했다. 배움에 대한 갈망으로 졸업과 동시에 한국방송통신대학교 국어국문과에 입학하여 학업을 놓지 않았다.

삶이 고달팠던 난 안정적으로 기댈 곳을 찾아 이른 나이에 결혼했다. 임신과 출산이 거듭되면서 졸업이 늦어졌다. 불안했다. 남편은 직장에 다니며 야간대학교에 다니고 있었기에 두 아이의 육아는 내 몫이었다. 독박육아는 나를 철저하게 지우는 과정이었다. 나를 온데간데없게 하였다. 양육과 집안일에만 치여 살아가고 싶지 않았다. 나를 성장 발전시키는 무언가가 절실히 필요했다. 국어국문과를 졸업하고 바로 교육학과로 편입하여 두 개의 학사 학위를 취득했다. 어느 날은 잠을 자다 깬 딸아이가 그만 공부하고 자기랑 같이 자 달라는 말을 듣기도 했다. 틈만 나면 공부했다. 어느 순간부터 아이들도 자연스럽게 엄마와 마주 앉아 책을 읽었다. 초등학교 입학 후에는 자신들이 관심 있는 도서나

과학 잡지를 보는 시간이 많았다. 그래서였을까? 큰아들 5학년, 둘째 딸 3학년 때, 담임 선생님의 권유로 아동 지능 검사를 해 보고 두 아이의 지능이 일반 아동들보다 높다는 것을 알게 되었다. 과학 중점대학교 영재교육원에서 비슷한 지능을 가진 친구들과 교육을 받았다. 아이들이 관심 있는 분야에 알아가는 기쁨을 느끼면서 난 더 바빠졌다. 정보를 수집해야 했고, 일정에 맞게 데려다주고 데려와야 했다. 아이들의 교육 일정으로 부모가 참석해야 하는 곳이 많았다. 아이들의 건강도 챙겨야 하니 정신없이 바빴다. 난 그럴수록 시들해져 갔다. 남편은 학사과정을 마치고 직장에서 자신의 자리를 닦아가고 있었다. 아이들은 예전처럼 엄마의 도움 없이도 잘 성장하고 있었다. 나만 도태되는 느낌을 지울 수가 없었다. 울고 싶은 만큼 체중도 불어갔다. 체중이 부는 만큼 우울감도 깊어졌다. 나의 욕구는 하나였다. 나를 위해 바쁘게 살고 싶은 것.

아이들을 학교에 보내놓고 독서 논술, 역사논술, 심리상담, 미술치료, 통합예술치료, 부모 교육 지도사 자격증을 취득하여 초등학교에 방과 후 독서·논술 지도사로 취업하였다. 아이들에게 책 읽는 방법, 논리적 글쓰기를 지도했다. 재미있었다. 내 역량을 펼치러 갈 곳이 있다는 것에 하루하루 즐거웠다. 이런 시간은 나의 꿈을 이루는 발판이 되었다. 도 교육청에서 관내 중학교에 파견되어 진로 프로그램을 진행할 진로 상담사를 육성하는데 선발되었다. 6개월간의 긴 교육을 받았다. 첫 수업 날, 난 지금도 그날의 감동을 잊지 못한다. U 중학교 3학년 2반에 배정되었기 때문이다. 25명의 학생과 함께 20년 전 D 여중 3학년 2반이었던 내가 앉아 있었다. 20년 후의 내가 교사로, 20년 전의 내가 학생으로 마주하고 있었다. 큰 눈이 더 커졌다. 코끝이 찡했다. 어린 나와의 마주함은 신기하고 벅찬 감동이었다. 교장과 교사들이 학생들 뒤에서 참관하고 있었지만 두렵거나 떨리지 않았다. 자신감 넘치고 전달력 있는 수업을 진행할 수 있었다. 토요일에는 학교마다 한 반씩 학생들을 인솔하여 특성화 대학교로, 직업 정보관으로 진로 체험학습을 다녔다. 신났다. 살아있음을 느꼈다.

둘째가 고등학교에 진학하면서 명문대 입학을 목표로 하는 특별반에 배치되었다. 아침 7시까지 등교해야 했다. 꼭두새벽에 일어나 차 안에서 아침 식사를 할 수 있도록 준비하여 데려다주길 반복했다. 그러던 2월 말, 새벽녘에 꿈을 꾸었다. 야트막한 산비탈 아래 비스듬히 모래밭이 펼쳐져 있었다. 저 멀리 썰물인지 밀물인지 모를 파도가 보였다. 고운 모래들이 셀 수 있을 것 같이 하나하나 빛나고 있었다. 밟고 싶었다. 망설임 없이 모래밭을 걸었다. 사각거리는 소리와 부드러움이 귀와 발에 전해졌다. 선명한 내 발자국이 나를 따라오고 있었다. 모래밭에 발 도장으로 내 존재를 남기고 있었다. '와!' 감탄이 절로 나왔다. 잠에서 깨어 분주한 아침 시간을 보내면서도 모래밭에 선명하게 남겨져 있던 발자국이 계속 떠올랐다. 딸을 학교에 내려주고 집으로 돌아오던 중이었다. 몇 번 진로 수업을 나갔던 U 중학교 진로 담당 교사에게 전화가 왔다. 혹시 상담사 자격증이 있느냐고 했다. 교육정책에 따라 학교마다 상담 인턴을 배치해야 한다고 했다. 그래서 진로 수업 중에 봤던 내가 생각나 연락했다고 했다. 급하니 오늘 중으로 채용 신청서를 내주면 좋겠다는 부탁이었다. 심리상담사 자격으로 채용 신청서를 작성하며 새벽녘 꾼 꿈이 생각나 인터넷에 해몽을 검색해 보았다. 모래밭에 발자국을 남기는 꿈은 행적, 이력 따위를 어떤 기관에 남기게 된다. 후대에 남을 만한 혁혁한 공을 세워 자신의 발자취를 남기게 된다. 현실에서 자신의 업적이나 자신의 사업 성과를 기록으로 남길 일이 생긴다는 해석이었다. 세상 모든 것에 감사했다. U 중학교에서 나의 가치와 능력을 알아준 것 같아 그렇게 기쁘고 고마울 수가 없었다. 어떠한 일이 있어도 오늘의 감사함을 잊지 말자고 다짐했다.

모래밭에 발자국을 남기는 꿈을 꾼 후, 학교 상담사가 되었다. 그토록 원했던 국어 교사는 아니지만 질풍노도의 시기라는 중학생들과 8년을 하루 같이 마음을 나누며 지냈다. 30년 후의 일기처럼 꿈을 이룬 것이다. 현재는 초등학교에서 쑥쑥 성장하고 있는 아동들과 7년째 만나고 있다. 그들의 고민과 어려움에 대해 들어주고, 안전지대를 제공하는 상담 엄마의 역할이다. 그리고 모래밭에 발자국을 남기는 꿈은 '모랫글'이라는 필명도 짓게 해 주었다. 학창 시절 한 반에 두세 명은 있었던 흔하디흔한 내 이름에 특별함을 주고 싶었다. 모랫글은 내 고향 충청도 방언으로 모래밭을 말한다. 참 맘에 든다.

그리고 이때는 몰랐다. 내가 모래밭을 모래 상자로 옮겨와 내담자의 내면을 단단하게 성장시키는 모래놀이치료를 펼쳐나갈 줄은.

1-5

나도 빛나고 싶어

소유

누군가 나에게 넌 잘 해낼 수 있을 것이라며 힘내라는 말을 했을 뿐이지만, '무엇 때문에 나를 부추기는 거지? 날 이용하려는 건가?'라는 부정적인 생각을 먼저 하게 된다. 왜일까 생각해 봤다. 우리 집 분위기는 지지나 격려를 해 주는 분위기가 아니다. 학창 시절, 뭔가를 열심히 해서 상장을 받아도 학교에서는 특별한 일이었지만, 집에서는 잘했다는 칭찬이나 보상을 받은 기억이 없다. 초등학교 5학년 어느 날, 엄마 친구가 우리 집에 오셨다. 오늘 딸내미 상 받았던데 맛있는 것 좀 해줬냐며 궁금해하신다. 학교 운동장 조회 시간에 마이크 소리가 우리 동네까지 들렸던 것이다. 아주머니의 말에 어깨가 으쓱해진 나는 눈을 크게 뜨고 귀를 쫑긋 세워서 엄마의 반응을 기다렸다.

"무슨 맛있는 거? 나도 어릴 때 상장 엄청 받았어. 쟤가 나 닮아서 그렇지. 받으면 뭐 해 다 쓸데없던데. 우리 엄마는 일손 부족하다고 밭에 데려가서 일만 시켰어."

그 말을 듣고 잔뜩 세우고 있던 어깨는 힘이 쭉 빠져버렸다. 죄

지은 것도 아닌데 머리를 떨군다. 얼굴도 본 적 없는 돌아가신 외할머니가 원망스럽다.

"그땐 못살 때였잖아. 다 그랬지. 소유가 엄마 닮아서 예쁘고 똑똑한 거였네. 기특하네."

다시 자존감이 올라간다. 내 얘기는 흐지부지 사라지고, 엄마는 본인의 자랑을 시작하신다. '나는 엄마를 닮아서 예쁘고 똑똑할 뿐이고, 엄마의 분신일 뿐인가? 나라는 존재는 의미가 없구나.'라는 생각이 든다. 온몸에 기운이 하나도 없다. 기를 뺏긴 것마냥 허수아비처럼 영혼은 사라지고 텅 빈 느낌이다. 부모님은 맞벌이여서 보통 저녁 7시쯤에 들어오신다. 그때까지 남동생과 둘만 있다. 남동생이 놀러 나가면 나 혼자 있기도 한다. 부모님은 집에 오시면 저녁 식사 후 주무시기 바쁘다. 엄마는 짜증을 많이 내셨던 기억이 난다. 아빠는 거의 말이 없으시고, 대화를 나눈 기억이 거의 없다. 남동생은 나와는 네 살 차이인데, 내가 학교를 일찍 들어갔기 때문에 5학년 차이가 난다. 짜증과 무관심, 어린 동생, 기운 없이 휘청거리는 나, 우리 가족 분위기이다.

고등학교 1학년 때 친한 친구 영희네 집에 놀러 갔다. 영희 엄마는 여성스럽고 스타일도 세련되셨다.

"저녁은 먹었니? 소유도 왔는데 고기 좀 볶아 줘야겠네. 그 나이에는 잘 먹어야 쑥쑥 크는 거야." 하시며, 저녁상을 차려 주신다. 맛나 보이는 반찬들이 열 가지도 넘는다. 먹음직스러운 음식을 보니 먹기도 전에 입에 침이 고인다. 영희는 미소를 지으며 엄마와 자연스러운 대화를 주고받는다. 얼굴에서 조명을 받은 듯이 환하게 빛이 나고 있다. 영희는 나보다 예쁘거나 공부를 잘해서 상을 받은 것도 아니다. 그런데도 따뜻한 관심과 사랑을 받는 모습이 나에게는 충격이었다. 영희의 투정과 애교를 잘도 받아 주시는 영희의 엄마. 나의 머릿속에서는 이 말만 떠오른다. '부럽다!' 경험해 보지 못한 일들. '이런 것이 가족이구나'라는 생각으로 머리가 꽉 차 있다. 그날 이후로 영희를 만나면 우리 가족이 부끄럽다는 생각이 들고, 잘못한 사람처럼 시선을 피했다.

사춘기가 되면서부터 외모를 꾸미는 것에 관심이 많아졌다. 사람들은 내가 어떻게 꾸몄느냐에 따라 다르게 반응을 한다. 예를 들면, 아무 말도 하지 않고, 아무 행동도 하지 않았는데 선생님들이 관심을 주고 챙겨주신다. 지각해도 벌칙을 주지 않고 보내주신다. 운동장 청소하는 시간에 나 대신 선생님이 청소를 해 주신 적도 있다. '가족들의 관심과 사랑을 구걸하지 않을래. 밖에 나오면 날 이렇게 챙겨주는데 집에 가면 뭐해.'라며 가족에게서 기대감을 버렸다. 예쁜 옷, 최신 유행 아이템, 값나가는 액세서리를 장착하면 나는 영희보다 밝게 빛이 났다. 가족이 필요 없다고 생각하면서 부모님을 무시하기 시작한다. 하라고 하면 하기 싫고, 하지 말라고 하면 하고 싶어진다. 청개구리처럼 반대로 행동하며 반항을 한다. 방과 후 집에 연락도 하지 않고 영희네 집에 가서 외박을 한다. 사실, 수업을 마치고 전화하려고 공중전화 박스에 갔었다. 그런데 문득 '아무도 나한테 관심도 없는데, 내가 전화 안 해도 아무

일도 없을 텐데. 전화를 왜 해야 해?'라는 반항적인 생각을 한다. 돌이켜보면 고등학생 딸이 연락도 없이 안 들어오는데, 실종신고 하지 않은 것도 신기하다. 다음 날은 방과 후 영희와 함께 우리 집으로 갔다. 잠시 후 엄마가 퇴근하고 들어오신다. 주방에서 나와 마주치자마자 아무 말 없이 냅다 따귀를 날린다. 아픔은 잘 느껴지지 않았다. 서러움만 한가득. 얼굴이 화끈거렸고, 소나기 같은 눈물이 뚝뚝뚝 떨어진다. 놀란 영희가 다급하게 소리친다.

"어머니! 소유 어제 저희 집에서 잤어요!"

영희가 온 줄 몰랐던 엄마가 당황한 목소리로

"영희도 왔네. 자는 거 가지고 뭐라고 하는 게 아니라 연락은 해줘야지."

라며, 엄청 걱정했다고 부모의 마음을 영희에게 하소연하듯 설명하신다. 나는 이를 악물고 눈물만 흘리며 서 있다. 차마 아무 말도 할 수가 없다. 꼭 쥐고 있는 주먹에 땀이 맺힌다. '네가 엄마냐!'라는 생각만 맴돈다. 영희 앞에서 수치심은 최고조가 된다. 그날 나에게, 친구 앞에서 때린 것은 미안했다고 했더라면, 나의 분노는 가라앉았을 것이다. 나의 서운함은 그렇게 단단한 바위가 되지 않았을 것이다. 잘못도 반성하고, 엄마의 마음이 진심이라고 느낄 수 있는 기회였다. 영희네 가족한테서 느꼈던 아늑함과 편안함, 사랑스러움이 우리 집에는 없다. 엄마와 눈을 맞추며 오순도순 시시한 이야기를 나누지도 않는다. 집을 나가고 싶다. 때론 죽고 싶다. 가출계획을 세워봤지만, 고등학교 여학생의 가출은 '인생막장'으로 가는 지름길이다. 내 인생이 돌이킬 수 없는 수렁으로 빠질지도 모를 일이다. 죽어버리기에는 그동안 견딘 시간이 아깝다. 그렇다면, 가장 좋은 방법은 성인이 되어서 경제력이 생기면 독립하는 것이다. 그때는 내 마음대로 할 수 있다. 몇 년만 더 참기로 한다. 그렇게 목표가 정해지니 집에 들어가는 일이 견딜 만하다.

나는 가족의 도움 없이 빛나기로 다짐한다.

이인삼각 경기

송기홍

초등학교 다니던 시절 운동회 때 '이인삼각 경기'를 했었다. 이인 삼각 경기는 두 사람이 발을 하나씩 묶고 남은 각자의 발을 포함 하여 삼각이 되게 하여 정해진 구간을 달리던 경기다. 마음은 빨 리 가고 싶은데, 마음의 속도만큼 빨리 갈 수 없는 경기, 그래서 둘이 호흡을 맞추는 것이 무엇보다 중요했던 경기다. 빨리 가려고 서두르다 보면 넘어지기 일쑤였고, 둘이 호흡을 맞추는 것이 무엇 보다 중요했다.

"자아~, 우리 천천히 같이 가는 거야, 묶은 발을 먼저 움직이면 서 같이 속도를 맞춰 보자, 하나아두울, 하나아두울, 하나둘하나 둘, 좋아! 이제 됐어 좀 더 빨리 뛰자, 핫 둘 핫 둘, 핫둘핫둘." 그 러다 보면 어느새 결승점에 도달해 있다. 이인삼각 경기는 두 사 람이 같은 속도로 달리는 것이 무엇보다 중요했다.

내담자를 만날 때마다 드는 생각은 '이번에 만나는 내담자와는 어느 속도로 진행할 것인가?'이다. 목표를 빨리 달성하려는 욕심 은 내담자와 속도를 맞추기가 어렵다. 그렇다고 마냥 늦출 수도 없다. 그래서 상담은 이인삼각 경기와 같은 것으로 생각한다. 상담사는 다양한 연령층의, 다양한 문제를 안고 있는 내담자를 만난다. 그런 내담자를 만나 그들의 문제를 스스로 해결하도록 돕는것이 상담이다. 어떤 사례는 가족에 의해 신청되기도 한다. 그런 내담자는 '본인이 신청하지 않았다.'라며 상담을 거부하거나 상담에 소극적일 수밖에 없다. 사람의 생긴 모습이 모두 다르듯이, 내담자의 문제도 상황도 모두 다르다.

초기 면접을 통해 내담자를 알아가고 공감대를 만들기 위해 노력하는 것은, 이인삼각 경기처럼 내담자와 속도를 맞추려는 것이다. 자원해서 상담실을 찾아온 내담자라면 그래도 쉽겠지만, 본인은 상담받을 생각이 없는데, 상담이 신청된 비자발적 내담자들은저항이 심하다.

사례 중에 영민(가명, 남, 15세)이라는 내담자가 있었다. 그는 지난해에 중학교 입학식을 다녀온 후 1년 6개월이 지나는 동안 학교에 가지 않은 등교 거부자였다. 학교 가는 것만 거부하는 것이 아니라 외출 자체를 거부하는 은둔형이었다. 함께 사는 가족은 내담자를 포함하여 외할머니, 엄마, 누나 이렇게 네 명이었다. 엄마가 상담을 신청한 사례였고, 영민이는 상담에 관심이 없었다. 영민이는 상담받지 않겠다는 의사 표현을 확실히 했다. 그의 집에 처음 방문한 날, 거실에 있던 영민이는 방으로 들어가더니 상담이 싫다며 방에서 나오지 않으려 했다. 엄마가 방에 들어가 사정해도

"상담은 싫어."하는 영민이의 외치는 소리만 닫힌 문 너머로 들려왔다. 한동안 두 사람의 대화가 들릴 듯 말 듯 오가더니 드디어 영민이가 거실로 나왔다. 어깨 밑으로 흘러내린 긴 머리카락, 목 부분이 늘어난 색바랜 까만색 반팔 티와 반바지, 불만이 가득한 얼굴, 마른 체구에 키는 나보다도 커 보였다. 거실로 모습을 드러낸 영민이는 상담자에게 눈길도 주지 않고, 소파에 털썩 주저앉았다. 영민이에게 인사를 건네고 말을 걸어봤지만, 그는 대답이 없다, 불만이 가득해 보이는 얼굴, 외출을 거부했던 은둔형이라더니, 얼굴은 하얗고 오히려 창백하게 보질 정도였다. 거실 소파에 내담자와 나란히 앉았다. 몇 번 말을 걸어 보았지만 아무런 반응이 없다. 어떻게 해야 마음이 열리고 입이 열릴까? 내담자를 바라보았다. 내담자를 알고 싶었다. '내담자의 마음은 어떤 것일까? 어떻게 해야 입이 열리고, 마음이 열릴까?'

거실로 나와 소파에 나란히 앉은 내담자, 그의 관심은 오직 스마트폰이었다. 소파에 앉은 그는 스마트폰을 보며 만지작거리고 있었다. 어떤 말을 건네도 전혀 반응이 없다. 말을 걸어도 대답이 없는 영민이에게 어떻게든 마음을 전하고 싶었다. 말을 건네도 아무런 반응이 없는 그에게 스마트폰을 꺼내 문자로 인사를 건네 보았다. "영민아 안녕!" 잠시 후 그에게서 문자가 왔다. "네." 겨우 한 글자였는데, 나는 마음이 기뻤다. 문자로 일상적인 대화를 몇 번 주고받으며, 그날의 상담은 그렇게 마쳤다. 다음에 만나자는 약속도 문자로 했다. 다음 주에 다시 만나자는 문자에 영민이는 "네."

라고 대답했다. 다음 회기 방문했을 때도, 문자로만 대화할 수 있었다. 그런 문자로만 하는 상담을 3회기까지 진행했다. 멀리 있어서 문자로 상담하는 것이 아니었다. 같은 공간에 앉아 있고, 소파에 나란히 앉아 있으면서 문자로만 대화했다. 상담사나 내담자가 언어에 장애가 있어서 문자로 대화한 것은 아니다. 그러나 우리는 3회기 동안 그것이 두 사람 사이를 이어주는 소통의 방법이었다. 내담자의 속도와 눈높이를 맞추는 상담, 그래서 '상담은 이인삼각 경기와 같은 것'이라고 생각한다. 한사람이 잘 달리는 것보다 두 사람의 속도를 맞추는 것이 중요한 이인삼각 경기처럼, 상담은 그렇게 속도를 맞추어야 한다.

그렇게 문자로만 진행되던 상담이, 4회기 때 드디어 영민이와 말로 얘기할 수 있었다. 그날 영민이가 그동안 등교 거부했던 이유를 말해 주었다. 입학식 하던 날, 옆에 있던 처음 본 친구가 "너 여자애같이 생겼다."라는 말을 했는데, 그 말을 듣고 기분이 나빴다고 한다. 그래서 학교 가기가 싫었고, 등교를 거부하고 은둔형이 되었다고 한다. 그런데 이 말을 오늘 처음 하는 것이라 했다. 엄마나 주변에 있는 사람들이 '학교 가기 싫은 이유'를 여러 번 물어봤어도 대답하지 않았는데, 오늘 처음으로 '그동안 학교 가지 않은 이유' 얘기하는 것이라 했다. 그러고 보니 열다섯 살 그의 얼굴이 곱고 예쁘게 생겼다. 외출하지 않아 얼굴이 창백해 보이긴 했지만, 남자다운 모습보다 예쁘고 잘생긴 얼굴이다. 4회기 때 말하기 시작한 내담자는 5회기 때, 6회기 때도 자기의 마음을 조금씩 털어

놓았다. 그러나 아직도 밖에 나가는 것은, 어렵다고 말하던 내담자에게 6회기 상담을 하던 중 "밖에 한 번 나가볼까?" 하고 물어보았다. 머뭇거리고 망설이던 내담자는 집 앞 아파트 놀이터에 잠시 나갔다 오는 것에 동의해 주었다. 놀이터 벤치에 나란히 앉았다. 놀이터에 2~3분 정도 있었는데, 집에 들어가고 싶다고 한다. 잠시만 더 있어 보자고 했지만, 영민이가 하자는 대로 집에 돌아올 수밖에 없었다. 놀이터에 갔다 온 느낌을 물으니, '어색하고 사람들이 자기를 쳐다보는 것 같아서 그 시선이 불편했다.'라고 대답했다. 그러나 잠시라도 외출을 함께한 영민이가 기특해 보였다. 그리고 영민이도 잠시의 외출을 새로운 경험으로 만족해하는 것 같았다. 내일부터 매일 한 차례씩 엄마와 함께 잠시라도 외출하기로 약속도 했다. 7회기 때에는 지난번 만났을 때보다 표정이 밝아 보였다. 매일은 아니었지만 네 번 정도 엄마와 함께 밖에 마트도 다녀오고, 식당에 가서 짜장면도 먹고, 아파트 근처에 있는 천변도 걸었다고 했다. 그리고 다음 회기 상담이 있기 전에 미용실에 들러 머리카락을 자르는 것도 동의했다. 8회기 때 긴 머리카락을 잘라 말끔해진 내담자를 만날 수 있었다. 9회기, 10회기 상담을 진행하고 종결할 때까지 내담자는 놀라운 속도로 변해갔다. 그리고 장래를 위한 포부를 밝히기도 했다. "그동안의 등교 거부로 학교 복학은 늦은 것 같다."라고 말하며, 검정고시를 준비하겠다고 말했다. 검정고시를 공부해서 고등학교에 갈 때는 또래 친구들과 함께 다니고 싶다."라고 말했다.

이인삼각 경기, 또 한 팀의 주자가 결승선을 향해 출발을 시작
했다.

미안해, 고마워, 사랑해

이선희

"그렇게 애쓰지 않아도, 가끔은 적당히 살아도 돼, 옛날처럼 참지 않아도 돼."

"너에게 솔직하지 못하고 힘겹게 해서 미안해, 그럼에도 불구하고 살아내 줘 고마워."

"정말 미안해, 진짜 고마워, 너무 사랑해."

나는 걸어서 좋아하는 닭볶음탕을 먹으러 간다. 산골짜기에서 불어오는 바람을 맞으며 산을 오른다. 영산강을 보며 산책한다. 아프지 않은 다리로 가고 싶은 곳에 갈 수 있다. 나는 행복한 사람이다. 많고 적음에 상관없이 감사한 일들이 많다. 가끔은 혼자 울기도 하지만 웃기도 한다. 내가 웃고 울 때 함께 하는 사람들이 있다. 나를 사랑하는 소중한 존재들이다. '곰탕'처럼 진국으로 살아가고 싶다. 끓일수록 진한 국물을 우려내는 곰탕은 구수하고 담백하여 입맛을 당긴다. 나도 가슴이 따뜻하여 만날수록 더 만나고 싶은 사람이 되고 싶다.

가난한 집이 싫었다. 농사지을 땅이 없어 먹을 것은 늘 부족했다. 버스 요금 100원이 없어 십 리 되는 초등학교를 걸어 다녔다. 중학교 1학년 때 시력이 나빠 안경을 착용해야 했다. 돈이 없었다. 2년 후 안경을 착용할 수 있었다. 보이지 않는 글씨를 보느라 얼굴을 찡그렸다. 얼굴에 미간 주름이 생기기 시작했다. 지금도 골 깊은 미간 주름이 늘 신경 쓰인다. 수학여행 때 새 옷과 가방을 사 주지 못해 미안하다며 눈물 흘린 엄마. '아이들 학교나 졸업시킬 수 있을까.' 항상 걱정했다.

유난히 몸이 약한 나를 위해 동생은 산업체 고등학교를 선택했다. 가난은 동생에게 또래보다 먼저 돈을 벌고 세상을 알게 했다. 동생 졸업식 날 얼마나 울었는지 모른다.

지금도 생각난다. 밥에 들어가는 보리쌀을 늦은 저녁 가마솥 한 가득 삶아 정제(부엌) 천장에 걸어 놓고 다음 날까지 사용했다. 엄마는 보리쌀을 절구에 넣고 주먹만 한 돌로 돌려가며 문지르기를 반복하여 부드럽게 했다. 밥을 지을 때 가마솥에 반 이상 보리를 깔고 그 위에 한 줌의 쌀을 넣고 밥을 했다. 쌀밥은 할아버지, 할머니, 아버지 몫이었다.

'왜 우리 집은 가난할까.' 생각만 할 뿐. 원하고 바라는 것을 위해 어떤 요구도 하지 못했다. 나의 꿈은 교사였다. 하지만 대학 진학 대신 직장 생활을 했다. 지금이라면 학자금 대출도 있었는데 제대로 된 진학지도나 정보를 주는 사람이 없었다. 힘들어도 참았고, 너무 힘들면 많이 울었다. 기도하면서 이겼다. 그러는 동안 나는 착한 아이로 성장했다. 착한 아이로 살면서 공부 잘하는 학생,

말 없는 학생, 규칙 잘 지키는 학생이었다. 부모 마음 아프게 한 일 없는 딸이었다. 하지만 용기가 없고 두려워 의식적으로 회피한 것은 아니었는지, 착하게 살아야 한다는 강박은 아니었는지 생각해 본다. 어찌할 수 없는 환경 때문에 원하는 것들을 포기할 때 아무도 모르게 울기도 했다. 환경은 행복의 걸림돌이었고 희망으로 채워져야 할 내일은 절망이었다.

세상에서 가장 소중하고 특별한 것은 개인마다 다르다. 나에게 가족은 소중하고 특별한 존재다. 아들은 사고로 중환자실에 70일을 있었다. 엄마인데 아무것도 해 줄 수 없었다. 숨을 쉴 수 없이 힘들었지만 눈물은 나지 않았다. 아들은 세상이 공평하지 못하다며 힘든 청소년기를 보냈다. 시간이 지나면서 아픔을 통해 단단해지고 세상을 보는 눈이 넓어졌다. 그리고 이렇게 고백했다.

"엄마, 세상이 내 마음대로 안 된다는 것을 깨달았어요. 힘든 시간도 있었지만 살아간다는 것에 대해 배울 수 있어 그렇게 억울하지는 않아요."

아들은 지나온 시간에 감사하며 정확한 목표로 새로운 진로를 계획하고 있다. 나는 아들에게 말했다.

"아들아 엄마가 생각해 보니 너를 키우면서 힘든 것만은 아니었더라. 너 때문에 웃는 날도 많았고, 뿌듯한 날도 많았고, 자랑할 일도 많았어. 그래서 행복했어."

"뭐 그런 말을 하세요."

아들은 피식 웃었다.

그리고 아빠가 아들에게 말했다.

"아들, 너 엄마한테 잘해라. 너 힘든 일 있을 때마다 성질 안 내고 참고 기다리는 것 보면 엄마는 엄마야. 그래서 엄마는 엄마라는 이유만으로 좋은가 보다. 얼마나 많은 일이 있었냐. 생각하면 엄마가 상담 공부해서 우리 가족이 잘 이긴 것 같다."

"나랑 결혼해 주지 않으면 가다가 섬진강으로 들어갑니다."
말한 대로 할 줄 알았다.
"진짜 그럴 생각이었어."
"내가 왜 그런단가? 결혼하려면 뭔 말을 못 한단가."
하며 피식 웃었다. 이런 남편의 말이 진실인 줄 알고 부부가 되어 지금까지 살고 있다.

"자네를 놓치며 평생 후회할 것 같아서, 내가 가장 잘한 것은 자네와 결혼한 것이네."

함께 하는 시간이 길어질수록 소중함을 느낀다. 나는 이것을 사랑, 정 이상의 것이라 말한다. 정말 힘들어 다 포기하며 놓고 싶을 때도 있었지만 견뎌내니 더 단단해지고 나를 가장 사랑해 주는 사람임을 알았다. 남편의 담당 의사가 나를 불렀다.

"패혈증으로 위험할 수도 있습니다. 혈압은 계속 떨어지고 염증 수치는 올라갑니다. 원인을 찾을 수가 없습니다. 대학병원으로 가는 것이 좋겠습니다."

입원 치료 5일이 지나도 호전되지 않아 대학병원으로 긴급하게 이송되었다. 119 구급차를 타고 가는데 눈물이 멈추지 않았다. 무섭고 두려웠다. 2018년 12월 17일 밤 11시 남편은 중환자실로 들어갔다. 텅 빈 대기실에서 눈물, 콧물 흘리며 가슴을 잡고 펑펑 울었다.

"죽으면 안 되는데, 하나님 이제 쉰둘이잖아요."

남편은 염증 원인과 다른 장기 감염 확인을 위한 여러 검사로 금식하여 지쳐 있었다. 면회 시간에 얼굴을 쓰다듬고 물수건을 입술에 적시며 손을 꼭 잡았다.

"당신 화상 사고에도 살았잖아. 무릎이 잘릴 뻔한 사고에서도 멀쩡했잖아. 이번에도 살아날 거야. 나도 기도할 테니 당신도 기도해."

죽을 수 있다던 남편은 10일 만에 기적적으로 중환자실에서 살아 나왔다. 남편과 아들은 사건, 질병으로 생사의 갈림길에서 다섯 번의 고비를 넘겼으나 지금은 너무나 건강하게 내 곁에 있다.

처음부터 만들어진 길은 없다. 누군가가 처음으로 그 길을 갔고, 또 가고, 또 가서 생겼을 것이다. 시작이 있어야 결과가 있는 것처럼 나의 인생 지도를 처음부터 완벽하게 그릴 수 없다. 울어도 보고, 웃어도 보고, 절망도 희망도 받아들이며 그렸다 지우는 작업을 반복함으로 내 삶을 완성해 가는 것이다. 각자 삶의 배경은 다르지만 무엇을 그리며 해석하느냐가 중요하다. 지금, 현재에 의미를 부여하며 살고 싶다. 의미들이 얽혀 감당하기 힘든 순간일지라도 그것도 나의 삶이기에 받아들인다.

오늘 저녁은 모두가 좋아하는 닭볶음탕이다. 사랑하는 가족이 내 앞에 있다.

나는 누굴까

임성희

　나는 시골 동네 전 학년마다 1반 밖에 없었던 초등학교를 다녔다. 누구네 부모님, 형제들의 인적 사항까지 교류했던 정겨운 시골이었다. 유치원을 같이 다니던 친구들과 함께 초등학교에 입학했지만 낯선 교실, 새로운 친구들 속에서 움츠려있었다. 조금이라도 이목이 집중되면 얼굴이 빨개져 화끈화끈해졌다. 부끄러움이 많아 목소리가 개미 소리만큼 작았고 하고 싶은 말이 있어도 내뱉지 못해 마음속으로 읊조렸다. 나는 사람과 관계를 맺는 것에 대해 시간이 필요한 아이였다. 그나마 유치원 때부터 학원을 같이 다니던 친구가 있어서 쉬는 시간도 점심시간에도 혼자 있는 꼴은 면할 수 있었다. 작은 시골 마을에 가까이에 살고 있었기에 친밀하게 지낼 수 있었고 삼총사라며 어울려 다녔다.

　학교엔 짧고 덥수룩한 헤어를 한 덩치가 큰 언니가 있었다. 나이는 나보다 훨씬 많았고 어눌한 말투였다. 흔히 바보, 덜떨어진 애라고 불렸다. 나는 그 언니가 괴롭힘을 당하는 것을 간간이 목격했다. 복도에서 들리는 바보래요~ 바보래요 하는 아이들의 놀림 소리, 더러워 가까이 오지 마!! 하고 화내는 소리들. 그 언니는 움츠르든 어깨로 도움반으로 들어갔다. 우리 학교에서 유일한 도움반 학생이었기 때문에 이목이 더 집중되었다. 가끔은 하지 말라고 저항했지만 일부 남학생들은 대든다며 욕지거리를 하기도 했었다.

그러던 어느 날 친하게 지내는 단짝 친구 소희네 집에서 놀기로 했다. 당시에는 휴대폰도 없기에 집에 전화를 걸었다.

"따르릉 따르릉 여보세요? 안녕하세요. 저 소희 친구 성희라고 하는데요. 소희 있나요?"

"그래~ 전화 너머로 소희 목소리가 들렸다.

"할머니, 성희 놀러 오기로 했어."

집에 오는 것을 허락받은 나는 자전거를 타고 집을 나섰다. 통학버스에서 내리는 모습을 많이 봤기에 어렵지 않게 찾을 수 있었다. 말끔하게 준비하고 나를 반겨주었다. 우리 집에는 없는 장난감들이 신기했다. 예쁘고 큰 공주 인형들, 오락실에나 있을 법한 펌프 게임이 있다니 나는 놀랄 뿐이었다. 집에서도 이렇게 많은 장난감이 있을 수 있구나. 나는 주로 텔레비전을 보던지 오빠와 자전거를 타며 놀았기에 채워진 놀잇감이 다소 놀라웠다. 애초에 장난감에 관심도 없을뿐더러 관심이 없었다.

소희네 방에서 처음 보는 장난감을 가지고 놀고 있었을 때 다른 방안에서 부스럭 소리가 났다. 깜짝 놀란 것은 나뿐만이 아니었다. 아까 할머니가 나가셨고 집에는 친구랑 나뿐인데 무슨 소리지? 방문이 스르륵 열리고 문틈에는 학교에서 봤던 바보가 있었다. 친구는 조용히 있으라고 하지 않았냐며 윽박을 질렀다. 무슨 영문인지 갸우뚱하고 있을 때 할머니가 돌아오셨다. 소희 고모의 딸, 사촌 언니라는 걸 알려주셨다. 사실 조금 놀랐다. 학교에서 온종일 놀림을 받는 걸 친구도 모를 리 없었기 때문이다. 밖에서는 가족임을 숨기고 집에서는 바보 멍청이로 툴툴거리고 있었다. 밖에서는 놀림만 당하던 언니는 동생인 소희한테는 왜 그러냐고 저항하며 역정을 내기도 했다. 나는 오히려 그 모습을 보고 웃었다. 친구는 왜 웃냐고 화냈지만 나는 무시해서 웃은 게 아니었다. 바보, 벙어리라고 놀림을 받았던 모습이 휘리릭 지나가며 실제로는 이야기를 할 수 있는 사람임에 신기함과 안도했다. 숨기는 소희의 마음이 이해되었다. 나 같아도 싫었을 것 같다. 사회적 시선과 편견에 대해 어릴 적부터 자연스럽게 접할 수 있었다.

분명 어려운 사람이 있으면 도와주라고 배웠지만 나는 나서서 도와줄 생각도 관심도 없었다. 현실에서 맞이한 사회와 배움에는 이질감이 느껴졌다. 그리고 놀림을 받고 있을 때 한 번도 선생님께 도움을 요청하거나 말린 적이 없기에 죄책감이 들었다.

나는 타인에 대해 관심이 없었다. 나를 드러내기도 좋아하지 않을뿐더러 간섭받는 것도 참견하는 것도 싫었다. 나는 방관자에 불과했다. 시간이 지나 언니는 졸업을 하고 일반 중학교에 진학했을 때는 어떤 모습인지 알기 어려웠다. 나중에 듣기로는 학교 때문에 다른 지역으로 이사를 갔다고 들었고 소식을 접할 수 없었다. 시간이 지나 중학교에 진학 당시에도 반에는 핸디캡이 있는 Y라는 친구가 있었다. 혼잣말을 한다든지, 특이한 손가락 움직임을 보였다. 조금 일반적이지 않다는 것을 느낄 뿐, 소통이 원활하지 않으니 친구가 되기는 어려웠다. 자연스럽게 융화되기엔 사회성이 없었던 것이다. 반장이던 내게 담임선생님은 도와주기를 여러 번 부탁했고 집에 오면 엄마까지도 같은 소리였다. 아무리 생각해도 내가 할 수 있는 것은 없었다. 나는 내 친구들이랑 놀고 싶고 밥도 먹고 싶은데…. 그러기 싫었다. 교실 이동 수업에 일러주는 것뿐, 크게 도움이 되지 못했다. 학부모 참여 수업이 있을 때 Y의 어머니를 뵐 수 있었다. 웃으며 인사하고 이야기하는 부모님들 사이에서 Y의 어머니는 연신 죄송하다, 잘 부탁한다는 말씀을 했다. 그럴 필요까진 없는데 작아져 있는 모습이 의아하면서도 안쓰러웠다. 당시엔 이해하지 못했던 이들을 치료사로, 상담사로 일하면서 이해할 수 있었다. 적응이 어려운 자녀를 민폐가 되지 않을까 하는 염려와 큰 어려움을 겪지 않았으면 하는 간절한 마음을….

어머니 그 위대한 이름 앞에

정명자

자식에게 부모는 운명이라고 한다. 그 명제 앞에 나는 누구인가의 답이 명료해진다. 딸과 아들 앞에 선 나는 분명 어머니이기에 더욱 견고히 딛고 서야 할 두 발에 힘이 간다. 부모님에 대한 고마움은 남편과 나 사이에 태어난 자녀에게 연결되고 흐른다. 세상을 향한 갈급한 마음으로 정작 자신을 돌보지 못하고 가장 가까운 사람들의 소중함을 잃어버린 시간들이 있었다. 가진 것은 당연하고 없는 것만 바라보니 마음이 불편한 건 당연하다. 언젠가 늦은 저녁에 끝난 영화를 보고서, 극장을 나온 나는 이상하리만큼 불편한 감정을 느낀 적이 있다. 영화가 우울한 내용도 아니었는데 갑자기 엄습한 감정에 당혹스러웠다. 상담 공부를 시작할 즈음 40대 초였던 것 같다. 상담 초짜배기는 이것저것 건드려진 감정에 혼란스러웠다. 함께 영화를 본 친구에게 그런 느낌을 이야기 하자, 앞뒤 연결 없이 갑자기 생뚱맞은 소리를 하고 있는 나에게, 그럴만한 무슨 일이 있었는지 잘 생각해 보라고 했다. 그때도 지금도 그 답은 묘연하다. 다만 지금은 원인을 찾기보다, 그럴 수 있다고 받아들이는데 좀 더 익숙해졌다는 것이다. 내적인 성장은 왜?라는 질문보다 어디로? 향할 것인지 멈추고 지켜보며 기다리는 힘이 생겨난 상태이다. 삶을 분석적으로 접근하는 방법보다, 이제는 주어진 것을 받아들이고 순응하는 60세 나이가 되었다. 내 안에서 생겼다 사라지는 수많은 생각들을 잡으려 하기보다, 그저 들락거리는 생각에 휘둘리지 않으면, 중심이 잡혀 삶이 가벼워진다는 것을 배워가는 중이다.

상담 공부는 풀어야 할 숙제처럼 불편한 감정이 불쑥불쑥 올라오는 나를 알고 싶다는 것에서 출발했다. 별로 특별할 것 없는 무난한 성격과 공교육 과정을 순탄하게 보낸 학창 시절, 그리고 때 되어 혼기에 맞는 적당한 시기에 결혼과 출산. 돌아보면 어려움 없이 주어진 복을 많이 받은 여자이다. 그런데도 남편과의 의견 차이에 과하게 우울해하고, 어딘지 모를 곳으로 떠나고픈 충동을 애써 숨기며, 감사가 빠져버린 무력감으로 행복을 누리지 못했다. 남편이 이유도 모른 채 내 기분을 살폈던 모습을 떠올리면 미안한 일이다. 딸이 결혼하여 장모가 되었다. 현명하고 사랑스러운 아내로 딸이 잘 살기를, 하늘나라에 먼저 간 남편에게 기도한다. 이제야 조금 철든 나를 보면서, 분명 그는 특유의 웃음을 지으며 내 기도를 들어 줄 것이다. 사람에게는 저마다 다른 끌림이 있고 그것은 섭리이기도 하다. 불편한 삶에 머물지 않고 아이들을 키우면서 상담 공부를 한 것은 자연스러운 끌림이었다. 그리고 가정폭력 상담소와 노인 상담, 장애인 단체에서 일을 했다. 현재는 소아 정신과에서 어릴 적부터 치료받은 학생과 청년들의 심리치료사로 일하고 있다. 부모에 대한 내면의 태도는 사람들이나 일과의 관계에서 드러난다. 나에게 주어진 길을 잘 가고 있는지 가끔 반문할 때, 돌아가신 부모님께 길을 묻는다. 부모는 분별을 내려놓고 고개 숙여야 할 존재이며, 질서에 맞는 자리에 있어야 가족관계는 물론 삶과 일이 편안해진다. 배우자와 함께 자식을 낳고, 협력하여 가정을 이룬 인연이 소중하다. 우리 부부로부터 왔지만 독립된 인격체로, 우리보다 훨씬 큰 힘으로 세상을 살아가고 있는 자녀에 대한 염려를 놓을 수 있었다. 상담은 나에게 풀어야 할 숙제를 직면하며 성장으로 가는 길이었다.

40대에 한창 상담 공부에 열을 올렸을 때, 집단상담 명상 프로그램을 참여한 적이 있다. 어머니 뱃속의 태중에 나를 만나는 체험을 했다. 엄마 뱃속에서, 바깥세상의 소리에 귀 기울이며 호기심과 명랑한 기질의 태아는 엄마와 연결되었다. 안전과 충족감이 느껴지는 신비하고도 귀한 경험이었다. 열 살 차이 나이의 부모님은 뒤늦은 늦둥이를 갖고서, 노산과 녹록지 않은 살림살이 걱정으로 나의 존재를 마냥 기뻐하실 수만은 없으셨으리라. 네 살 위 오빠를 낳고, 그 다음은 안 낳으려고 안 낳으려고 했단다. 차마 지우지 못해서 어쩔 수 없이 낳았다는 말을 어릴 때 들었던 기억이 난다. 누군가에게 나의 출생의 에피소드를 전할 때면, 어쩔 수 없이 나 또한 들었던 대로 안 낳으려고 안 낳으려고… 했다는 말을 강조할 수밖에 없다. 생명을 지우려는 의도가 들어간 그 말에도 상처를 받지 않은 이유가 있다. 저렇게 예쁜 걸 안 낳았으면 어쩔 뻔했냐는 사람들의 말에, 늦둥이 키우는 재미가 좋다며 늘 부모님은 기뻐하셨기 때문이다. 나의 출생을 허락하신 부모님의 갈등과 선택은, 결과가 좋으면 다 좋다는 걸 증명하셨다. 가끔 찾아오는 우울의 원인을 다 알지는 못한다. 몇 가지 원인이다 싶은 일들을 결코 회피하는 것은 아니다. 오히려 그럼에도 불구하고 기억의 조각에 매달리지 않는 것은, 그보다 중요한 사실이 더 크기 때문이다. 존재는 생명 앞에 분별없이 귀하다는 배움은, 어려움을 함께 나누던 의뢰인들과의 인연이 있었기에 가능했다. 상담 현장에서 의뢰인에게 나의 경험을 이야기하고 자존감과 관계의 회복에 자신감을 갖도록 용기를 준다. 비가 온 뒤 굳어진 땅처럼, 아픔을 겪어낸 상처는 온전히 힘으로 승화된다. 아픔을 직면하는 힘은, 해결 능력이 생겨난 인생의 훈장이다. 나는 항상 스스로 자신 안에 존재하는 자정능력을 믿는다. 각자의 숨은 능력을 회복하고 새롭게 발견해 가는 상담 과정은 굴곡진 길목처럼 인생 여정과 닮았다. 비탈진 힘든 길에 동행하는 친구가 있다면 힘이 되는 것처럼, 그런 상담사가 되고 싶다.

많은 사람들이 소통하며 살지만, 정작 힘들거나 무료할 때, 아니면 정말 진지한 대화가 필요한 시간에, 편안하게 통화하거나 만날 수 있는 사람이 그렇게 많지 않다고 한다. 여자 형제 많은 집에서 자란 나는 그런 면에서는 큰 복이다. 한 이야기 또 곱씹어도, 불쑥 마음 가는 대로 말해도, 그러려니 웃고 넘기는 언니들이 있어서 감사한 일이다. 철이 없어서 대들고 버릇없이 행동했던 일도, 무던히 덮어주었다. 남편의 갑작스러운 죽음에 함께 아파하고 여러모로 신경 써준 언니들이 있어서 얼마나 큰 위로가 되었던가. 살아가면서 언니 오빠들에게 좋은 동생이 되고 싶은 것은, 받은 것이 훨씬 많아서다. 언니 오빠들은 내리사랑을 주었다. 너무 당연하게 받았던 사랑을 이제는 돌려주어야 할 때이다. 사랑은 받은 것 보다 조금씩 더 주고 더 받으면서 행복은 커진다. 상처는 반대로 조금씩 덜 주고 덜 받으며 없어진다고 하니, 더 사랑하고 상처 덜 주며 살 일이다. 가족들과 친구들, 그리고 인연이 된 좋은 사람들은 삶의 자산이다. 지금까지 사귀었던 친구들만큼, 앞으로 나이 들어 가면서 좋은 친구를 얻기는 쉽지 않다. 많은 사람을 만나는 것보다는 귀한 자산을 잘 지키며 좋은 관계를 갖고 싶다. 전화 통화도 자주 하고 시간 내어 맛있는 식사도 하면서 평범하고 여전한 일상을 고마운 선물로 받는 것이 행복이다.

누군가 나에게 누구냐고 묻는다면, 어머니 그 위대한 이름 앞에 고개 숙여 주신 것을 고맙게 받는 사람이라고. 당신이 주신 축복을 기꺼이 누리는 사람이 되겠노라고 답하겠다. 미처 주시지 못한 것까지 이미 다 받았기에, 나도 자식에게 기꺼이 주는 어머니다. 어머니를 통해 생명을 받고, 작고 여린 생명이 방을 걸어 나와 마당을 지나 동네를 만나고, 학교라는 곳에서 배우고 익혀 사회에 한 일원이 되었다. 고마운 어머니와 아버지에 대해 고개 숙이는 태도가, 모든 사람들과 일을 대하는 태도임을 이제는 분명히 안다. 나는 누구인가를 묻는 화두는 인간이 태어난 이래 원초적인 질문이다. 수많은 답 중에 내가 찾은 답은 바로 이것이다.

어머니. 당신은 크시고, 저는 작습니다. 당신은 주시고, 저는 받습니다.
어머니 위대한 그 이름 앞에, 나는 당신의 모든 것에 동의하며 고개 숙입니다.

부모님의 그림자 속에서: 상처와 성장의 여정

조미주

아버지가 뇌출혈로 세상을 떠나셨다.

2003년 9월, 추석 전날 나는 서울에서의 직장 일을 마치고 가족과 명절을 보내기 위해 고향 목포로 향했다. 21년 전 추석 전날 교통 체증이 심해 집으로 가는 길은 10시간이 넘게 걸렸다. 그 모든 피로와 기다림을 이기고 도착한 고향에서 마주한 것은 생각지도 않은 일이었다. 아버지가 뇌출혈로 세상을 떠나셨다. 평소 술과 담배를 즐기며 건강을 신경 쓰지 않았던 아버지는 당뇨를 앓고 계셨지만, 건강을 돌보지 않았다. 엄마는 늘 아버지의 생활 습관에 대해 걱정하셨다. "당신은 맨날 술 담배 하다가는 빨리 죽을 거야."라고 자주 이야기했었다. 하지만 그 말이 현실이 될 줄은 꿈에도 몰랐다. 설마 이렇게 갑자기 아버지 나이 50세에 돌아가실 거라고는 생각지도 못했다.

솔직히 말하면 나는 아버지를 좋아하지 않았다. 어릴 적부터 엄마는 아버지가 가족을 부양하기 위해서 막노동 일이라도 해서 가족을 먹여 살려야 하는데 아버지는 큰 회사의 운전직 외에는 다른 일을 하려고 하지 않았다. 그런 모습에 엄마는 늘 실망스러워 하셨다. 엄마는 평소에 자식들에게 아버지가 게으르다고 끊임없이 이야기했다. 어릴 적부터 아버지에 대한 흉이 일상적이었던 나에게 아버지는 늘 부족한 존재로 보였다. 엄마와 아버지는 성격도, 삶의 가치관도 너무도 달랐다. 아버지는 도시적이고 곱상한 외모에 주변 사람들에게 잘 생겼다는 이야기를 많이 들었다. 말도 유창하게 잘하고 돈을 잘 벌지 않았지만, 사람들에게 돈을 잘 버는 것처럼 자신을 꾸며서 이야기했다. 반면, 엄마는 덩치도 있고 외모를 가꾸지도 않고 항상 묵묵히 자기 일을 해내며 거짓말하지 않고 진솔하고 소박하게 살아갔다. 엄마는 아버지가 자신을 꾸며서 이야기하는 모습을 가소롭게 여기며 싫어했다. 아버지는 다른 사람에게 자신을 안 좋게 이야기하는 엄마에게 실망하며 다정하게 대해 주지 않았다.

그러나 시간이 지나고 나서야 아버지가 어떤 사람이었든 간에 우리 가족에게 소중한 분이었다는 사실을 알게 되었다. 그리고 아버지를 향한 미움 속에서도, 아버지를 잃은 슬픔이 크다는 걸 인정하게 되었다. 그 슬픔은 사랑과 미움이 뒤섞인 복잡한 감정이었다. 이제 나는 이 모든 감정을 받아들이고, 아버지와의 관계를 내 마음속에서 어떻게든 정리해 나가야 한다는 사실을 알게 되었다. 아버지의 죽음이 내게 남긴 것은 미움도, 사랑도 아닌, 그 모든 것을 아우르는 복잡한 감정의 소용돌이였다. 그러나 지금 현재

시점에서도 엄마는 아버지에 대한 감정이 나와는 다른 거 같다. 세월이 많이 지난 지금까지도 엄마는 아버지에 대한 원망과 미움을 끊임없이 표출하며, 과거의 이야기를 생생히 기억하고 그 감정을 되새긴다. 아버지랑 있었던 과거 일을 마치 어제 일처럼 분노하며 이야기하는 모습에 나는 짜증 나고 답답하다. 엄마가 아버지에게 저렇게까지 상처를 많이 받았나, 정말 이렇게 오랜 세월이 흘러도 잊히지 않을 정도로 미울까? 아마 아버지에게 아내로서 존중과 사랑을 받지 못해서 그러지 않을까 하는 생각이 든다 그런 생각이 들 때마다 가슴이 아프고 힘들다.

나는 이제는 알 거 같다. 엄마는 그때 아버지와 겪었던 일들에 대해서 더 확대해석해서 생각하고 기억한다. 엄마는 자기를 착한 사람인데 나쁜 사람에게 당한 것처럼 이야기한다. 그렇게 믿어야지만 마음이 편한 거 같다. 마음에 상처가 깊어서 그렇겠지만 그때 누군가에게 속을 터놓고 이야기를 나누거나 제대로 된 위로를 받지 못해서 예전에 일이 현재까지 이어지고 있다. 나는 어렸을 때부터 엄마가 동네방네 모든 사람에게 아빠 흉을 보는 것을 보고 듣고 자랐다. 이런 엄마의 행동은 나에게 깊은 상처가 되고 나의 그림자가 되는 일이다. 고등학교 시절, 친구의 엄마가 목욕탕에서 우리 엄마에게 아버지 이야기를 듣고 아버지의 무능력함을 내 친구에게 이야기했다. 그 이야기를 들은 친구가 내 앞에서 너희 아빠 돈 잘 못 버냐고 물어보았을 때 나는 자존심이 상했다. 나는 발가벗겨지는 듯한 감정을 느꼈다. 그때 그 감정은 자존심의 상실과 수치심으로, 나의 내면에 깊은 상처가 됐다. 지금까지도 잊히지 않는다.

　우리 가족의 이야기를 통해 느낀 게 많다. 상담 일을 하면서, 사람들의 불완전함을 이해하고, 타인의 잘못을 나의 시각에서만 보지 말고 진정으로 공감하는 것이 중요하다는 것을 알게 되었다. 완벽하지 않은 인간의 본질을 이해하며, 과거의 상처를 치유하고, 그 속에서 진정한 공감과 이해를 추구하는 것이 상담 일을 할 때 궁극적인 목표가 되었다. 진정한 심리상담사가 되기 위해, 무엇보다도 사람들의 감정을 있는 그대로 받아들이고, 그들의 아픔에 진심으로 공감할 수 있는 능력을 키우고자 한다. 상담사의 역할은 단순히 문제를 해결하는 것이 아니라, 내담자가 자신의 감정을 안전하게 표현할 수 있는 공간을 제공하고, 그들이 자신의 감정을 이해하고 치유할 수 있도록 돕는 것이다. 이를 위해 나는 나 자신의 감정을 먼저 이해하고, 그 감정과 마주하는 법을 배우고 있다. 내 과거의 경험들이 이 과정에서 큰 도움이 되고 있다. 앞으로도 계속해서 자신의 감정을 탐구하고, 그 과정을 통해 다른 사람들에게 진정한 공감과 이해를 제공할 수 있는 심리상담사가 되기 위해 노력할 것이다. 상담이라는 작업은 매우 섬세하고 복잡한 과정이지만, 인간의 본질을 깊이 이해하고, 서로를 치유하는 가장 아름다운 길이라고 믿는다. 나의 경험을 바탕으로, 사람들의 마음을 이해하고 치유하는 데에 이바지할 수 있는 진정한 상담사가 되기를 목표로 삼고 싶다.

2장

내 안의 어린 나를 만나다

가족의 품과 세상의 차가움

강명경

"엄마, 이건 왜 사과라고 불러?"
"으이구. 사과니까 사과지. 맛있게 먹어."

7살쯤이었을까, 엎드려서 한 손엔 책을 잡고 있지만 두 눈은 반쯤 감겨 졸고 있는 나른한 오후, 엄마는 사과를 깎아주신다. 사과를 한 입씩 베어 물다가 문득 '사과를 왜 사과라고 하지?' 궁금하다. 옆에서 집안일 중인 엄마에게 물었다. 그냥 사과라고 불리니까 사과다. 삼남매 중 둘째인 나는 말이 많고 호기심이 많은 아이다. 언니와 동생에 비해 궁금한 게 많아 '왜'라는 질문을 달고 산다. 때와 장소를 가리지 않고 해야 할 일이 있거나 궁금한 게 생기면 묻는다. 심지어 혼날 때도 억울하면 끝까지 하고 싶은 말은 다 한다. '언니가 치사하게 동생 편만 드는데, 왜 나한테만 뭐라 그래?' 사실 언니에게 일방적으로 대든 건 나다. 자주 다퉜던 건 어른이 돼서야 알았지만 질투 때문이다. 가족들이 동생을 더 예뻐하는 것 같은 마음이 컸다. 언니에겐 시비를 걸고, 동생은 아무도 안 볼 때 은근슬쩍 머리를 쿵 쥐어박는다. 뒤에서 슬쩍 밀기도 한다. 그래 놓고 동생이 큰 소리로 울면 난 찔려서 갑자기 왜 우냐는 식으로 모른 척을 한다. 꾸지람을 더 듣더라도 어른들이 말하는 말대답을 엄청 하는 아이, 많이 혼나면서도 제일 눈에 띄게 행동한다.

우리 집의 가훈은 '오늘 할 말은 내일 하고, 내일 할 일은 오늘 하자'다. 그때는 몰랐다. 아마도 부지런하고 성실한 사람으로 살라는 뜻이었던 것 같다. 배탈이 나 끙끙거려도 학교에 간다. 방학 동안 밀려 있던 일기를 한꺼번에 썼지만, 양심에 찔려 차마 학교에 제출하지 못하고 그대로 책가방에 넣어 두었다. 집에 돌아오자마자 방학 일기 제출했는지 묻는 엄마, "네가 한 방학 일기니까 내일 꼭 학교에 가서 내." 괜히 창피했고 싫다. 살다 보면 의지가 휘청일 때가 온다. 분명히 해야 한다는 것을 뻔히 알면서도 정말 하기 싫은 날이 있다. 그런데도 어쩔 수 없이 몸을 움직여 본다. 마지못해 하고 있는 나 자신을 보면서 '내가 왜 이러고 있지?' 싶은 순간도 있다. 이건 아마도 부모님의 성실한 사람으로 살라는 가르침 덕분이겠지.

지금은 세상의 별이 되신 친할머니께서 이 세상에 계셨을 때의 일이다. 명절이든 제사든 가족 행사 때마다 할머니 댁에는 친척 가족들이 모인다. 그중에서 가장 밝고 크게 인사하는 건 나뿐이다. 할머니께 다가가 품에 안기며 인사를 드린다. 셋째 막내 아들이신 아버지의 둘째 딸이 나다. 3대가 모이면 서른 명이 넘는다. 그 속에서 묻히지 않도록 목소리를 내고 더 밝은 모습으로 행동하던 나. 그게 무의식적 행동이었다는 건 내면아이 탐색과정을 통해 알 수 있었다. 그 당시에 어른들에게 인사를 잘하고 당당하게 말하는 모습을 아버지께선 좋아하셨다. 할머니를 뵈러 갈 때면 내가 모은 용돈으로 아기자기한 꽃이 펴있는 작은 화분을 샀다. 할머니께서는 "우리 손녀밖에 없네." 웃으며 토닥여 주신다. 할머니는 매일 꽃에 물을 주고, 지금까지 잘 자란다며 교회 사람들에게도 자랑하신다. 나의 작은 행동에도 칭찬을 주신다. 부모님께는 생일이나 어버이날에 늘 써드리던 손 편지는 진열장에 전시된다. 뿌듯함을 느낀 아이는 어쩌면 부모님의 칭찬이 좋아서 더 행동하지 않았을까. 꾸지람을 많이 듣고 자랐지만 그래도 유년 시절이 좋다. 행복했던 순간들이 많고, 다시 어릴 때로 돌아가고 싶을 때도 있다. 내겐 가족이 너무 소중한 존재다.

칠흑같이 어두운 계단을 내려가야만 볼 수 있는 내면에 단단하게 싸둔 작은 알이 있다. 나는 언제부터 무엇인가를 꽁꽁 숨겨 두었을까. 머리에서 마음으로까지 내려가는 기다란 계단을 하나씩 내려간다. 문득 떠오르는 누군가가 나를 향해 비난한다. 심장이 벌렁거리는 순간들의 기억은 마치 빛바랜 흑백사진을 멀리에서 바라보는 것 같다. 잠시 숨을 고른다. 눈을 감는다. 서서히 아무도 모르게 고요한 순간마다 살짝 기억나는 장면들, 전화벨 소리나 진동 소리에 놀란다. 매서운 눈빛이나 큰 소리에 귀가 먹먹해지고 소름 돋는다. 여러 사람 앞에서 내 의견을 강하게 주장하기를 피한다. 나보다 타인 의견을 수용한다. 예전의 시간과 순간 기억의 퍼즐을 맞춰보기 시작한다.

중학교 때의 일이다. 여러 학교에서 모인 아이들 속에서 절친이 생겼다. 친했던 만큼 정말 많이 싸운다. 특히 의견대립이 빈번하다. 서로 자기 말이 맞다고 주장한다. 그런 만큼 마음이 맞을 때는 더할 나위 없이 신나고 즐겁다. 콧노래를 흥얼거리기만 해도 무슨 노래인지 맞춘다. 신기하게도 마음이 통한다. 거의 매일을 붙어 지낸다. 그러던 어느 날, "너는 너무 주장이 강해."라는 친구의 말에 크게 당황스럽다. 오히려 나는 배려를 많이 했는데, 이렇게나 서로 생각이 달랐다니. 난 친구가 생각하고 건네준 말이지만 사실 상처를 받는다. 더는 친구랑 싸우기도 지친다. 좋게 잘 지내고 싶어 내 의견 주장을 덜 한다. 나보다는 상대의 의견을 먼저 묻는다. 난 어떤 선택이든 괜찮다는 표현도 는다. 다투는 날이 줄고 평온하다. 의견을 적극적으로 내지 않으니 말에 따르는 책임감도 줄어든다. 이것도 편하다. 내 의견을 내세워서 이기적으로 보인다는 시선에서 벗어난다. 남에게 상처를 주고 싶지 않고 나도 받고 싶지 않다. 그렇게 나는 다른 사람들과 함께할 때, 나보다 타인 중심이 편하다. 그래서 점점 더 혼자가 편해진다. 아주 편하고 자유롭다. 눈치 볼 필요도 없다. 선택을 강요받지 않아도 된다. 결과에 대한 부정적 피드백에서 해방이다.

열심히 앞을 향해 달려가던 20대는 정신없는 날의 연속이다. 늦은 밤에도 일을 마무리 못 했지만 너무 졸음이 쏟아져 새벽에 잠시 눈을 붙인다. 그대로 잠든다. 아침에 눈을 뜨자마자 핸드폰을 본다. 이른 아침부터 A의 부재중이 찍혀있다. 떨렸지만 전화를 건다. A는 받자마자 왜 전화를 안 받냐부터 시작한다. 제정신이냐면서 일방적으로 말한다. 이메일도 아직 확인 안 했냐고 한다. 확인해 보니 새벽 4시에 보냈네. 전화로 귀가 아플 정도로 다그침을 받는다. 폭풍 같은 전화를 겨우 끊는다. 한숨이 나온다. 눈곱을 겨우 떼고 부랴부랴 출근한다. A는 나를 매서운 눈빛으로 노려보고 일방적으로 고함치며 몰아붙인다. 그 소리에 난 얼어붙는다. 이후 밤낮 시간 상관없이 전화 오는 소리에도 흠칫 놀란다. 잠을 푹 잤던 적이 언제였는지 모른다. 정신적으로 힘든 일들은 차마 자세히 들여다보기 힘들다. 외부로부터 오는 스트레스에 취약하다. 불편한 감정들을 마주하기 두려워 피한다. 아예 불편함을 느끼는 일이 일어나지 않도록 최소한의 관계를 맺는다. 오히려 깊게 감정을 나누지 않는 만남이 편하다. 딱 그만큼만 신경 쓰면 된다. 은근히 내 안에 자리 잡고선 티도 안 나게 계속 따라다니다니. 그런지도 모르고 산다. 오르락내리락 마음을 겪고 나서야 계속 반복되고 있었음을 안다. 이미 시간이 많이 지났다. 여전히 가슴 아프다. 따뜻하게 안아주며 위로해 주고 싶은 그때의 내가 있다. 내겐 꺼낼 수 있는 용기가 필요했다. 지금은 그때보다 조금 더 성장한 내가 그때의 아이 손을 잡아준다. 곁에서 든든하게 지켜준다. 과거의 상처를 떠올리고 치유해 볼 용기가 생긴다.

과거로 돌아가 현재를 치유하다

김명서

대학원에 입학한 해 가을 어느 날, 선배분들과 쉬는 시간 회의를 하는 과정에서 선배가 하는 말 중 "야, 입 닥치고, 그렇게 해."라는 단어가 내 귀를 후벼파며 쏙 들어왔다. 다른 말들은 들어오지 않았다. 그 말은 불편함을 넘어 화가 올라왔다. 문맥의 의미는 중요한 게 아니었다. 그 단어들이 내 속을 뒤집어 놓았다. 전 남편이 나에게 쓰는 언어였다. 그 단어를 듣는 순간 참을 수가 없었다. 호흡을 여러 번 한 후 박 선배에게 그 말에 대한 사과를 요구했다.

"박 선배님, '야, 입 닥치고'라는 단어를 쓰셨는데 제가 그 말에 기분이 나빠요. 사과를 받고 싶습니다!"

내 목소리는 떨리고 있었다. 어쩌면 남편에게 결혼생활 당시 해야 했던 말을 지금에서야 선배에게 하고 있었다. 내가 항의했던 에너지는 생 날것이었다. 회의하던 선배들과 동기들이 조용해졌다. 박 선배는 그런 말을 한 적이 없다고 말했다. 나는 그 말들을 들었다며 존중받지 못한 기분이라고 항의했고, 사과해 주길 반복적으로 요구했다. 수업이 시작되었고 3시간이 흘렀다. 집에 가기 위해 가방을 챙기고 있는 선배에게 다가가 대화를 요청했다. 박 선배도 그러자고 흔쾌히 내 마음을 받아주었다. 빈 강의실로 가서 대화를 시작했다. 내가 속상하고 화가 났던 마음을 전달했던 방식이 선배를 당황스럽게 했을 것 같다고 말하고, 미성숙했던 태도를 사과했다. 결혼 생활 당시 아무 말도 못 하고 듣고만 있던 나, 부당하다고 생각만 하고 화도 내지 못했던 과거의 내가 남편 대신 박 선배에게 사과를 요구했던 나를 발견했다고 전했다. 과거 감정을 표현하지 못했던 내가 박 선배에게 그 에너지를 표출했다고 했다.

박 선배는 처음에는 그런 말을 한 적이 없다고 했다가 나중에는 그 말을 들었다면 미안하다며 사과해 주었다. 마음이 편해졌다. 이젠 박 선배와 나 사이에서는 말을 하고 안 하고는 문제가 되지 않았다. 선배에게 고마웠다. 남편에게 말하지 못했던 내가 선배를 통해 치유를 경험했다. 선배도 그전 강의실에서 나누던 대화로 생겼던 불편한 마음은 없어졌고 편안해졌다고 나의 마음을 살펴주었다. 고마웠다. 이 시간이 함께 상담을 공부하면서 성장을 돕는 과정이라며 서로를 격려했다.

박 선배는 과거 표현하지 못한 나에 대해 치유를 돕고자 이야기를 나눠보자고 제안했다. 흔쾌히 수락했다. 박 선배의 안내에 따라 숨을 깊게 들이마시고 내쉬기를 반복했다. 주변이 고요해졌다. 표현하지 못하는 과거의 나를 만나러 갈 준비가 되었다고 박 선배에게 신호를 보냈다.

　과거로 과거로 거슬러 내려갔다.

　남편 앞에서 말하지 못하는 나를 거쳐 더 과거로 내려갔다.

　할머니의 시집살이에 대해 나를 붙잡고 한탄하는 엄마 앞에서 듣고 싶지 않다고 말하지 못하는 나!

　나도 춤도 추고 노래도 하면서 애교도 부리고 싶은데 동생들 앞이라서 참아야만 했던 나!

　그리고 더 과거의 기억 저편 무의식에 있던 어린 나를 만났다.

　다섯 살쯤 보이는 아이는 방안에 혼자 방문을 등지고 앉아 있었다. 방은 어둑했다. 방안은 텅 비어 있었다. 아이는 우두커니 아무것도 없는 바닥만 보고 있었다. 손가락으로 바닥을 톡톡 두드리며 무릎을 세우고 앉아 있었다. 아이는 울고 싶었지만 참고 있었다. 한참을 그렇게 앉아 있는데 밖에서 철컥 문을 따는 소리가 들렸다. 나를 부르는 소리가 들렸다. 반가운 마음이었지만 벌떡 일어나 달려가서 안기고 싶었지만, 고개만 뒤로 돌려 돌아보았다. 앙! 하고 울고 싶었지만 울지 못했다. 가만히 그 자리에서 다가오기를 기다렸다.

　어린 나는 무서웠다며 나를 혼자 두고 가지 말라고 말하고 싶었지만 말하지 못했다.

　어린 나의 모습을 보며 가슴이 아리고 찌릿했다. 슬픔이 저 아래 바닥에서 서서히 위로 치고 올라왔다. 눈물이 볼을 타고 내렸고 가쁜 숨을 몰아쉬었다. 숨쉬기가 어렵게 느껴졌다. 그런 내 모습을 보며 박 선배가 말을 걸었다.

"호흡할 수 있나요?"

고개를 끄덕였다. 호흡을 크게 반복해서 하라는 박 선배의 목소리가 메아리처럼 멀리서 들리는 듯싶었다. 크게 호흡하고 내쉬기를 반복하며 점점 안정된 호흡을 되찾았다.

박 선배가 어린 나에게 다가갈 수 있는지 물어보라고 했다.

'좀 더 가까이 가도 될까?' 아이는 고개를 끄덕였다. 조금씩 아이에게 다가갔다. 말하지 못하고 있는 어린 나에게 다가가 물어보았다.

'너를 안아줘도 될까?' 아이는 고개를 끄덕였다. 조심스럽게 안아주었다.

박 선배는 어린 내가 듣고 싶은 말을 해 주라고 했다.

"무서웠지? 심심했지? 이제 내가 놀아줄게! 내가 너 대신 말해줄게! 혼자 내버려 두지 말라고 화도 내줄게! 이젠 혼자가 아니야. 내가 너와 함께 놀아줄게."

이 말에 어린 눈동자가 빛났다. 어떻게 놀아줄 건지 물어보는 듯 호기심이 가득한 눈으로 나를 쳐다보는 모습을 보며 미소가 번졌다. '다행이다'라는 안도감이 들었다.

어린 나를 두 손으로 조심스럽게 안아 나의 왼쪽 어깨에 올려 목말을 태워주었다. 어린 나는 혼자가 아니라며 발을 동동 구르며 즐거워했다. 그 모습을 보며 가슴에서부터 뜨거운 무언가가 퍼져나가는 걸 느꼈다. 그리고 잠시 후 눈물이 볼을 타고 흘렀다. 소리 내 울지 못하는 어른이 된 내가 울고 있었다. 혼자 방에서 누군가가 오기를 기다리며 울지 못했던 어린 내가 울고 있었다. 어린 나도, 어른이 된 나도 여전히 소리 내지 못하고 울었다. 우리는 서로를 위해 울었다. 한참을 울고 나니 가슴이 뻥 뚫리는 기분이 들었다. 시원했다.

박 선배는 한 달 동안 어린 나를 만나 자주 놀아주고 보살펴주라고 했다. 4년이 훌쩍 넘었다. 지금도 왼쪽 어깨에 손을 올려놓으면 어리고 작은 손이 함께 놀자며 내 손을 꼭 잡으면서 흔들어댄다.

가끔 자유롭게 순간을 즐기며 웃을 때가 있다. 그럴 땐 주변에서 아이 같은 표정이 나온다며 사랑스럽다는 말을 종종 해준다. 어쩌면 그 순간은 어린 내가 즐거워하고 있는 모습이 아닐지 생각도 해본다.

나에겐 혼자 있는 걸 싫어하면서도 내색하지 않으려는 숨겨진 모습 뒤로 다섯 살 어린아이가 계속 놀아주기를 여전히 바라고 있는 듯싶기도 하다. 어쩌면 죽을 때까지 다섯 살의 아이와 함께 살아갈 수도 있다. 내 나이 쉰 살이 되었다. 뜨거운 여름을 보내는 오늘, 다섯 살 어린아이처럼 놀고 있는 해맑은 모습을 한 할머니를 상상하며 미소를 지어본다. 그 모습도 사랑스럽다.

나는 나였다

김양희

중학교 진학 후 새로운 친구를 사귀기 시작했다. 친구들과 지내면서 내 안에 명랑한 또 다른 내 모습이 있다는 것을 알게 되었다. 학교에선 고등학교 진학을 위해 밤 10시까지 공부를 시켰다. 3학년 교실이 있는 3층은 전체가 대낮처럼 환했다. 어느 날 아마 10월쯤으로 기억된다. 이 작은 소도시 목포에 '소방차'라는 유명 그룹이 공연을 왔다. 그 당시 소방차라면 하던 공부도 때려치우고 달려갈 정도로 인기가 많았다. 삼삼오오 저녁 도시락을 먹는 시간 웅성웅성 "얼른 후딱들 먹으라니까 빨리 가야제. 아야 근디 우리 가도 될까? 워메 선생님들이 저렇게 다들 퇴근도 안 하시고 계셔븐디 우리 그러다 걸려블믄 으짜까잉?" 여기저기서 선생님들 눈치 보지 말고 빨리 가자는 친구들과 가다 걸리면 어떡하나 염려하는 친구들로 교실 안이 아니 3학년 전체 분위기가 어수선했다. 학교에서 멀지 않은 곳에 있던 공연장은 체육관이었다. 걸리는 것쯤은 아랑곳하지 않던 친구들은 벌써 날아가듯 뛰어갔다. 고민만 열두 번을 하다 뒤늦게 출발한 나를 비롯해 몇몇 친구들은 공연장 입구에서 선생님들에게 걸려 붙잡혀 왔다. 선생님들도 우리를 잡는 것이 얼마나 급하셨으면 학교에서 신던 슬리퍼를 그대로 신고 달려오셨다. 입구에서 서성이다 선생님과 딱 마주쳤다. 겁을 잔뜩 먹고 교실 문을 열었다. 우린 서로 눈빛을 주고받았다. 누가 먼저랄 것 없이 책상 위로 올라가 무릎을 꿇었다. 두 손을 귀 옆에 딱 붙이고 고개를 숙였다. 쥐 죽은 듯 고요한 교실, 숨소리만 쌕쌕 울렸다. 한창 공연 중인 체육관에서 흘러 나오는 불빛, 교실까지 울리는 듯한 소방차의 노랫소리는 손목을 까딱거리게 했다. 신나게 즐기고 있을 친구들을 생각하며 '멍청이, 뭘 고민해. 그냥 빨리 따라갔어야지.' 부러움과 후회만 가득했다. 정신이 딴 데가 있으니, 팔이 아픈지 다리가 저린지도 몰랐다. 그땐 알지 못했다. 핸드폰만 켜면 연예인을 볼 수 있고 TV 채널을 돌려가며 방송을 골라보는 세상이 펼쳐질 거라는 것을. 그 시절 90년대 초에는 서울만 가면 어디서든 연예인을 만날 수 있을 줄 알았다. 연예인은 우리완 다른 사람들이라 생각했던 터라 연예인의 공연은 작은 소도시에 살고 있던 우리에겐 엄청난 행사였다.

고등학교 진학 후 7명의 무리와 함께 다녔다. 스승의 날이 지난 며칠 후 친구들의 말과 행동이 어색했다. 처음엔 몰랐지만 이내 눈치를 챘다. '따돌림'을 당하고 있다는 것을 알게 되었다. 평소 가장 친하게 지냈던 친구를 찾아갔다. 그날의 기억이 아직도 선명하다. 친구는 집 대문에 반쯤 몸을 기댄 채로 하늘만을 쳐다보며 나와는 눈도 맞추지 않았다. 무슨 일인지. 내가 잘못한 것이 있다면 알려달라 말했지만, 여전히 차가운 표정으로 하늘만 쳐다보고 있던 친구 K. 내 마음을 가장 잘 알아주고 이해해 줄 거라고 믿었는데 싸늘한 친구 반응에 눈물이 주르륵 흘러내렸다.

두어 달 정도 그렇게 혼자가 된 나에게 손 내밀어준 친구 Y, 옷 입는 것도 사용하는 학용품도 Y의 영향을 받았으며 음악을 신청하면 LP판을 직접 틀어주던 음악감상실도 함께 다녔다. 가요뿐만 아니라 해외 팝송도 들으며 다양한 음악 세계를 알게 해 주었다. 멋내기를 좋아하고 음악 듣기를 좋아했던 그런 사람이었다는 것을 나만의 숨은 끼를 맘껏 펼칠 수 있도록 도와준 내 친구 'Y'.

고등학교 3년의 시간을 뒤돌아보면 풋풋한 사과 향이 나는 것 같다. 그러나 우리의 도서관 목적은 따로 있었다. 잘생긴 남학생들 관찰하기, 시청각실에서 영화 보기 등의 소소한 만족에도 좋아했다. 'Y'를 통해 2명의 친구를 더 알게 되었다. 하교 후 걸어 10분 거리의 시내 차 없는 거리에 누가 부르는 이도, 찾는 이도 없지만 매일 같이 지나갔다. 사람들로 꽉 찬 거리에선 다른 학교 이름만 대면 다 알 수 있을 정도로 유명했던 남학생을 발견하는 날에는 서로 은근슬쩍 밀어주며 우연인 척 실수인 척 어깨를 부딪치고는 깜짝 놀란척하며 까르르 웃던 기억에 지금 생각해도 미소가 지어진다.

그렇게 우리 네 사람은 순수하고 재밌는 풋풋한 경험을 했다. 방학 기간 갑자기 취소된 수련회는 코펠에 텐트 하나 달랑 들고 섬으로 떠나는 여행의 자유와 기쁨을 누리게 해 주었으며 발등까지 오는 풀숲에서 뱀에 물렸다며 이러다 죽는 건 아니냐며 작은 소동을 피우고도 '하하 호호' 웃었다. 중고등학교가 함께 운동장을 사용해야 하는 학교 환경에 체육관을 빌려 이루어진 체육대회 땐 점심만 먹고 빠져나오다 얻어 탄 경운기에 신이 나서는 "아저씨 출발!"이라는 말과 함께 미처 손잡이를 잡지 못한 친구가 뒤로 굴렀고 손을 쓸 겨를도 없이 땅바닥에 대자로 벌러덩 누워있는 친굴 데리고 병원에 들러 간단한 치료를 받은 후 무릎엔 테이핑하고도 좋다며 커다란 야채 튀김을 하나씩 들고는 또 '하하 호호' 웃으며 시내를 활보했던 기억들. 고3 입시 준비를 위해 야간자율학습을 하던 초가을 어느 날 'Y'와 저녁 도시락을 먹고 복도 창가에 앉아 학생과 선생님이 오시는 줄도 모르고 이야기 삼매경에 빠져 있다 딱 걸려 학교에서 퇴출당했던 기억. 그 당시 학생과 선생님은 엄하기로 소문이 자자했지만, 학생들에 대한 사랑이 가득하셨다. 2교시가 끝난 쉬는 시간 교실 풍경은 이곳저곳에서 싸 온 도시락을 먹어 치우는 식욕 왕성하던 우리. 갑자기 학생과 선생님의 불시 검문 "야야 이것들아, 먹는 입은 즐거워도 쌓는 똥구멍이 욕해야 작작들 먹어야."라며 혼내시는 듯하셨지만 모른 척 쓱 지나가셨다. 진심 어린 선생님에 대한 존경과 사랑이 있던 시절이었다. 미팅할 때도 4대 4로 이루어졌고 한 명이라도 대시가 들어오면 당당하게 넷이서 나가서는 빵과 파르페를 시켜놓고 여유를 부렸다. 그렇게 다양하면서도 여러 가지 추억들을 하나하나 차곡차곡 쌓아갔다. 친구들 덕분에 조금은 특별한 고등학교 시절을 보낼 수 있었기에 내 안에서도 조금씩 자신감이 생기고 자존감이 높아지는 것을 느낄 수 있었다.

한바탕 입시전쟁을 치른 후 산업디자인학과에 진학하며 대학생이라는 타이틀을 받을 수 있었고 고등학생 때의 경험 때문일까. 대학 생활 내내 늘 무리를 지어 다녔으며 학과에서도 중심에 있었다. 어디를 가든 나만의 색깔을 드러내기 시작했고 고등학교 때까지는 그리도 하기 싫던 공부가 재밌게 느껴졌으며 밤을 새워 작품을 하고 공모전에 출품하여 상을 받으니 전엔 느껴보지 못한 성취감을 경험하게 되었다.

새로운 공부에 대한 열정과 욕구가 강함을 느낄 수 있었다. 후에 상담이라는 새로운 길로 들어설 수 있었던 것도 뒤늦게 알게 된 새로운 영역에 관한 공부와 열정 때문이었던 것 같고 지금껏 포기하지 않고 계속할 수 있는 것도 그땐 미처 알지 못했던 새로운 것에 대한 경험을 즐기고 성취감을 통해 비로소 나를 사랑하고 나의 색깔을 있는 그대로 인정해 주며 나만의 속도에 맞춰 앞으로 나아가는 방법을 조금은 알았던 것 같다. 이 나이 50대에도 아직 서툴고 넘어질 때가 있지만 나만의 속도에 맞춰 그렇게 나를 살피고 찾아가는 중이다.

슬픔은 잠시 모래에 묻어 두고

모랫글

"학교에서는 원치도 않는 상담사를 보내면 어쩌라는 거야?"

교육청에서 지정해 준 P 초등학교에 첫 출근 하자마자 교장에게 들은 소리였다. 면전에 대놓고 쓸데없는 사람을 보냈다며 화를 냈다. 도 교육청에서는 상담사 역할의 중요성을 인식하고 초등학교에도 상담사를 배치하기 시작했다. 중학교에 근무하던 상담사 중 근무 경력이 많고, 능력 있는 상담사를 선별하여 초등학교에 배치하고자 했다. 상담사의 역할을 알리고, 상담 시스템을 구축하고, 학교폭력 예방과 다양한 상담 활동을 전개해 달라는 권유를 받았다. 고심 끝에 전근을 결정했다. 그런데 이런 소리를 들으니 당황할 수밖에 없었다. 그래도 나만 성실하면 될 줄 알았다. 교직원들과 잘 지내고, 상담을 통해 어려움이 있는 아동을 도우며, 복무규정에 어긋남이 없으면 언젠가는 나의 가치를 인정해 줄 줄 알았다.

늘 눈치를 보았다.

사춘기 청소년들을 보다가 초등학교 1, 2학년 아이들을 대할 때면 할머니가 된 양 목소리와 말투가 나도 모르게 변했다. 빠르게 초등학교 근무에 녹아들고 있었으나 마음은 편할 날이 없었다. 밀려오는 상담과 상담업무를 보며 눈코 뜰 새 없이 바빴다. 하지만 교장은 하는 일도 없으면서 상담사는 뭐 하고 있는지 모르겠다며 언성을 높였다는 소리가 들려왔다. 바로 찾아가 부족한 면이 많아 죄송하다고 했다. 원하는 방향으로 상담사의 역할에 충실하겠다며 조언을 부탁했다. 교장은 괜찮다고 지금 하던 대로 하라고 했다. 며칠 후 교장이 상담사는 제 발로 찾아와 잘한다고 했으면 잘하는 시늉이라도 해야지 상담도 안 하고, 상담 내용도 보고하지 않고 있다며 부장단 회의에서 역정을 냈다고 부장 교사가 전해 주었다. 황당했다. 상담은 점심도 못 먹을 만큼 바쁘게 진행되었고, 상담일지는 한 달에 한 번씩 교감 교장까지 내부 결재를 통해 이미 보고되고 있었기 때문이다. 부장 교사는 이런 말도 했다. 오늘 들은 이야기는 못 들은 척 넘어가라고 했다. 교장은 뭔가 행동을 취하면 자신을 공격한다고 여기는 것 같다고 했다. 내가 무언가를 잘못하고 있어서가 아니라 그냥 미운 것 같다고 했다. 우리 학교는 교장과 교사들이 아이들을 잘 지도하고 있어서 어려움을 호소하는 아동이 없다. 그러니 상담사를 안 받겠다고 교육청에 직접 의견을 밝혔단다. 그런데 교육청에서는 여러 가지 근거를 들어 상담사를 배치한 것이었다. 교장은 그것에 화가 나 있는 것 같다고 했다. 부장 교사의 말은 어떤 식으로든 헤쳐 나갈 길조차 없는 고립된 내 처지를 인식하게 해 주었다. 절망스러웠다.

"엄마, 내가 마저 하고 갈게, 엄만 들어가 저녁 해."

7세 정도부터 엄마와 밭에서 일을 했다. 남의 농사처에 농사를 지어봤자 주인에게 소작 세를 주고 나면 남는 게 별로 없었다. 아버지는 늘 술에 취했고 그럴 때마다 화를 냈다. 내뱉는 거센 욕은 영혼까지 좀먹어 들어갔다. 술만 먹으면 동네 사람들과 치고받고 싸웠다. 그러다 어딘가 부러져 병원에 누워있거나 상대방을 다치게 했다. 없는 살림에 병원비와 위자료까지 물어줘야 했다. 그렇게 아버지가 없는 날이 많아 모든 농사일은 엄마와 내 몫이었다. 내가 속한 모든 것이 싫었다. 외적인 것에 예민해지던 중학교 때부터는 남들이 나를 어떻게 볼까? 신경이 쓰였다. 가장 싫었던 것은 신작로(큰 도로)에 붙어 있는 밭에서 일하는 것이었다. 한 시간에 한 대씩 지나가는 버스. 어느 날 버스 안에서 우리 밭이 너무도 잘 보인다는 것을 알았다. 죽고 싶을 만큼 창피하였다. 그때는 지금처럼 일할 때 쓰는 모자도 없었다. 숨고 싶어도 숨을 곳도, 가리고 싶어도 가릴만한 것이 없었다. 그럼에도 불구하고 밭에서의 일은 계속되었다. 그래서일까? 난 사람들 앞에서 발가벗겨진 채 서 있는 꿈을 자주 꿨다. 지금도 그렇다.

"이년이 며칠째 아파서 일에 진척이 읎어. 일꾼 하나가 부족 항께."

중학교 여름방학 때, 땡볕에 엄마와 콩밭을 맨 후 더위를 먹었는지 며칠 시름시름 앓았다. 아무것도 먹지 못하고 누워만 있던 날, 갑자기 여름 소나기가 퍼부었다. 지나가던 동네 아저씨와 아들 K가 비를 피해 우리 집으로 들어왔다. K는 초등학교 동창생이었다.

툇마루에 앉아 아버지와 이런저런 이야기를 나눴다. 무슨 이야기를 하나 궁금해서 열린 문 쪽으로 귀를 기울였다. 그때 들은 아버지의 말은 난 소중한 자식이 아니라 도구였다. 아파도 안 되는 것이었다. K와 눈이 마주쳤다. K가 나보다 더 당황한 듯 보였다. 아버지는 늘 그런 식이었다. 중고등학교 다니는 동안 매번 성적 우수상을 받아와도 읽어보지도 않고 휙 던져버렸다. 그리고 오늘은 산밭에 가서 거름 뿌려야 하니 얼른 학교 갔다 오라고 했다. 그럴 때마다 나는 거부당해도 되는 하찮은 존재처럼 느껴졌다. 지금 생각해 보니 모멸감을 느꼈던 것 같다. 학교에 가며 울었던 기억이 많다. 게다가 시도 때도 없이 욕설과 폭력이 지속되었다. 엄마가 애들을 데리고 집을 나가겠다고 할 때도 난 아버지와 살겠다고 마음에도 없는 말을 했다. 그렇게 말하면 아버지의 화가 풀리고 폭력이 난무하는 상황이 끝날 줄 알았다. 내 마음 깊은 곳에서는 그런 아버지에게라도 인정받고 싶은 욕구가 많았다. 그러나 나아진 것은 하나도 없었다. 슬픔은 무력감으로 차곡차곡 쌓여만 갔다.

"상담 관리대장 가지고 올라와요."

2학년 아이와 모래놀이치료를 진행하고 있는데 갑자기 온 교장의 인터폰, 상담 관리대장을 가져오란다. 옆 반 교사에게 아이를 챙겨달라고 부탁하고 교장실로 뛰어갔다. 교장은 관리대장만 받아 들고 학생들을 어떤 식으로 상담하느냐고 물었다. 갑작스러운 상황에 긴장하여 정신이 아득해졌다.

"현재 일주일에 한 번씩 정기적으로 상담을 받는 아동은 21명, 한

달 평균 100건이 넘는 상담을 진행하고 있고, 아동들의 특성에 따라 언어상담과 미술치료를 병행하고 있습니다. 그리고 모래놀이치…"

"됐고, 상담의 기본도 모르면서 무슨 상담사라고. 중학교에 있다가 와서 초등학교 실정을 모르는 모양인데 아이들은 그냥 이야기만 잘 들어주면 되는 거예요. 그것도 몰라요?"

교장은 말이 끝나기도 전에 내 말을 끊었다. 그리고 내선전화로 교감을 불렀다.

"학교 운영을 어떻게 하는 거예요? 교감이면 학교에 근무하는 근무자들이 어떻게 일하고 있는지 확인하고 지도해야 하는 것 아니에요? 이건 직무 유기에요. 똑바로 해요."

라며 무엇 때문에 불러 왔는지도 모르는 교감에게 다짜고짜 화를 냈다. 중간에서 어떻게 해야 할지 몰랐다. 평소 교감은 이런 일이 있으면 나를 토닥여주고 위로해 줬던 고마운 분이었다. 너무 죄송했다. 나가란 소리에 어떻게 나왔는지도 모르게 교장실을 나왔다. 온몸이 비에 흠뻑 젖은 것 같이 무거웠다. 죄송하다고 말하려 하니 교감은 손가락으로 '쉿!' 하며 함구하라는 사인을 보내고는 교무실로 내려갔다. 수치스러웠다. 누구 못지않게 노력했고, 하고 싶은 말도 참았고, 부당하다는 생각이 들어도 꾹꾹 누르고 지시에 따랐었다. 아무리 애써도 이런 꼴을 당하는구나. 눈물이 폭포수처럼 흘렀다. 계단을 올랐다. 문을 힘껏 밀었다. 당연히 열려야 할 문이 열리지 않았다. '꽈당' 안경이 먼저 문에 부딪히며 콧등과 눈두덩이를 찔렀다. 순식간이었다. 아팠다. 마음이 아픈 게 아니라 신체에 통증을 느낀 건 오랜만이었다. 정신이 번쩍 들었다. 여기가 어디지? 5층 옥상으로 나가는 문 앞이라는 것을 안 순간 소름이 확 돋았다. 나도 모르게 팔을 겹쳐 몸을 쓰다듬었다. 무서웠다. 내가 무슨 짓을 하려고 한 거지? 다리에 힘이 풀리며 주저앉았다. 굴러떨어지지 않으려고 계단 난간을 움켜잡았다. 누군가 옥상 문을 열고 나를 아래로 밀어버릴까 봐 두려웠다. 구차하게 살지 말고 이제는 끝내라고 종용할까 봐 겁났다. 돌아서서 도망쳤다.

"선생님, 어디 갔었어요? 제가 뭘 만들었는지 보실래요?"

아이는 내 손을 잡아끌어 자신이 꾸민 모래 상자를 보여주었다. 아이의 작은 얼굴에는 뿌듯함이 가득했고, 칭찬해 달라는 눈망울로 나를 바라봤다.

"네가 선생님이 없는데도 잘 놀고 있었구나. 선생님을 기다려주었구나. 선생님, 감동이야."

내가 나를 안아주는 것처럼 아이를 꼭 안아주었다. 어른이 된 모랫글이 어린 모랫글을 위로해 주었다. 존재 자체만으로도 사랑받아 마땅하고 괜찮은 사람이라고.

이제 혼자가 아니다

소유

　20대의 나는 억지로 떠밀려서 링에 오른 권투 선수를 떠오르게 한다. 이리저리 들어오는 주먹을 피해 다니느라 공격해볼 틈도 없이 바쁘다. 그러다 결정타를 맞고 사방에 피를 뿜어내며 바닥으로 쓰러진다. 귀는 멍해지고, 시야는 흐릿하다. 침과 피를 삼키지 못해 입 밖으로 흐르고 있다. 주위는 슬로우모션으로 움직인다. 그때 관중 속을 뚫고 또렷하게 들려오는 소리가 있다.

　"괜찮아! 힘내!"

　야유하는 관중들 사이로 나를 지켜보고 있는 나와 닮은 내가 있다. 몸속에서 뭔가 꿈틀거린다. 전율 같기도 하다. 그것이 나를 일어서게 한다. 거친 숨을 몰아쉰다. 팔다리에 힘이 풀려서 좌우로 비틀거린다. 눈이 반쯤 풀려 초점이 없다. 다시 훅이 들어온다. 아래턱이 힘없이 옆으로 날아간다. 중심을 잃고 바닥으로 고꾸라진다. 관중석에 있는 나는 안타깝게 바라볼 뿐이다. 낯설고 두려운 존재인 상대 선수는 이글이글 타오른다. 나는 너무 무서워서 '네가 이겼어!'라고 말해 주고 싶다. 권투 글러브와 신발이 통통

부은 나의 손과 발을 조여 온다. 터질 것 같다. 너무 아프다. 가슴은 답답하고 숨쉬기가 힘들다. 토하고 싶다. 고통스러움에 의식이 흐려진다. 그때 다시 들려오는 소리가 있다.

"호랑이 굴에 들어가도 정신만 차리면 살 수 있다고! 천천히 호흡해 봐. 무너지지 마. 제발. 누구에게나 약점이 있어. 그것만 찾으면 돼."

그러기엔 이미 만신창이가 되어있다. 중요한 것은 싸울 의지가 없다는 것이다. 심판의 카운트다운이 시작된다. 5⋯ 4⋯ 3⋯ 2⋯ 1 싱겁게 경기가 끝나버린다. 나는 도전이 두렵고, 방법도 모르겠고, 혼자 좌충우돌하며 헤매기 바쁘다. 성인이 된 후에 학교나 부모님의 통제가 느슨해졌음에도, 작은 상자 안에 갇혀 있는 느낌이다. 나를 바라보는 사람들의 시선이 두렵다. 내 잘못, 내 단점을 들킨 것 같다. 자신감이 없다. 숨어 있고 싶다. 나는 혼자다. 포기하는 것이 편하다. 어깨와 가슴이 담 걸린 것처럼 단단하게 뭉쳐 있다. 나는 페가수스처럼 자유롭게 날고 싶은데. 왜 이렇게 힘들고 불가능하다고 느껴지는지, 답답하게 옭아매고 있는 것이 무엇인지 찾고 싶다.

서른다섯 살에 인터넷강의로 상담심리학을 접하게 된다. 일하느라 몸은 파김치가 되어 있고, 정신은 인간관계에 지쳐 피폐해져 있을 때다. 나는 '애착'에 대한 내용을 들었을 때 뭔가 내 안에서 격하게 반응하는 것을 느꼈다. 뭔가 뒤섞여 꼬여있는 커다란 실타래 같은 감정들이다. 유아기의 애착유형이 성격 형성에 미치는 영향. 그동안 전혀 생각조차 하지 못했다. 그 후 나는 한동안 과거의 기억 속에서 허우적댄다. 몸에 있는 털이 하나하나 일어섰다. 봉인되어 있던 무의식이 스멀스멀 밖으로 기어 나오고 있다. 그 괴상한 느낌이 뭔지 알기 위해 계속해서 상담 공부를 진행한다. 석사, 박사 과정을 밟는다. 아동에서부터 노인까지 매우 다양하게 임상을 경험하며 10년을 보냈다. 마흔여덟에 우연히 좋은 기회가 찾아온다. 정부 지원으로 전문상담사 자격 취득을 위한 수련 과정을 등록한 것이다. 선문대학교 대학원 통합의학과 가족 상담 치료학 오규영 교수님을 중심으로 스물한 분의 선생님들과 함께하는 그룹 과정이다. 그중에서 '상처받은 내면 아이 치유'는 말 그대로 현재의 내가 처음으로 기억하는 상처받은 나를 만난다. 이상적인 부모 역할을 해줌으로써 새로운 기억을 만들어주고 치유하는 과정이다. 그동안 누구에게 말할 수 없었던 기억이 세상 밖으로 나오게 된다.

다섯 살의 나는 체했는지 속이 불편하다. 깊은 밤 자다가 베개에 살짝 게워 냈다. 부모님과 한 살 남동생이 깊은 잠에 빠져 있다. '모두 잠들어 있어서 다행이다.' 졸음은 쏟아지지만, 화가 난 엄마의 얼굴이 떠올랐다. 고민하지 않고, 토한 것을 핥아먹는다. 그 순간, 현재의 내가 아이에게 다가간다. 아이가 놀라지 않도록 따뜻한 눈빛과 말투로 이야기한다.
"안녕, 나는 미래에서 왔고, 너를 아주 잘 아는 사람이야. 네가 지금 많이 힘들고 무서워하는 것 같은데, 잠깐 밖에 나갔다 오면 어떨까?"

아이는 멍한 표정으로 고개를 끄덕인다. 내가 살고 있는 집으로 데려간다. 아이가 갑자기 집 생각이 났는지 가야 한다며 울먹인다. 그때 반려견 까미가 꼬리를 프로펠러처럼 격하게 흔들며 반겨준다. 아이가 까미를 보자 바로 울음을 멈춘다.

"소유야. 이곳은 안전해. 여기서는 혼날까 봐 걱정하지 않아도 돼. 강아지랑 신나게 놀아도 되고, 하고 싶은 거 다 해도 돼. 언제든지 집에 가고 싶을 때 데려다줄게."

그제야 아이는 눈을 맞추고 하고 싶은 것을 말한다. 우선 아이를 씻겨주고 음료수와 간식을 챙겨 주었다. 인형 놀이, 소꿉놀이도 한다. 까미하고 바닷가로 가서 백사장을 신나게 뛰어논다. 파도 사이로 갈매기들이 날아오른다. 아이의 경쾌한 웃음소리가 사방으로 흩어진다. 아이의 가슴속이 시원해졌을 거라는 생각이 들 때쯤 아이가 나의 옷을 잡아당기며 말한다.

"이제 집에 가도 돼요?"

"그럼. 당연하지. 내가 데려다 줄게. 앞으로 힘들거나 얘기할 사람이 필요할 때, 언제든지 불러줄래? 난 무조건 네 편이야."

"엄마한테 혼나면 어떡해요?"

"걱정 마. 내가 잘 말해 줄게."

그 말을 하면서 가슴 깊숙한 곳에서 어떤 울림이 느껴졌다. 비로소, 나를 가두고 있던 단단한 상자가 조각조각 부서지며, 사방으로 날아갔다. 아이를 바라보는 내 두 눈에서 눈물이 멈추지 않는다. 이것은 기쁨과 해방의 눈물이다. 이렇게 되기까지 참 오래 걸렸다. 행복하다. 몸이 너무 가볍다. 단단했던 가슴 한쪽이 시원하게 '뻥' 뚫린다. 나의 기억이 재부팅되었다. 상처가 치유된 아이, 행복한 아이, 든든한 누군가가 나를 지켜주고 있는 기억으로. 어른 나는, 어린 나의 수호천사가 되었다. 내가 마주한 내면 아이는 '외로운 아이, 순종적인 아이'였다. 며칠 동안, 눈물이 마르지 않는다. 단지 의식적인 상상이었지만, 신기하게도 더 이상 그때의 기억으로 인해 고통스럽지가 않다. 나에게 자신감이 돌아왔다.

말을 더듬던 아이

송기홍

"하나님, 말 더듬지 않게 해 주세요, 책도 잘 읽게 해 주세요."

초등학교 5, 6학년 때로 기억된다. 교회 갈 때마다 그렇게 기도했었다.

"서서서 선생님…."

초등학교 시절, 말을 심하게 더듬는 아이였다. 남에게 무슨 말을 하려면 말을 더듬느라 힘들었다. 말을 하고 싶은데, 말을 하는 것은 언제나 어려웠다. 머리를 뒤로 젖히고, 고개를 좌우로 흔들며 발을 구르고 눈을 몇 번씩이나 깜빡거려야 겨우 한마디 말을 할 수 있었다. 선생님이나 동네 어른처럼 윗사람에게는 더 심했다. 친구에게나 동생들에게는 그렇게 심하게 말을 더듬지는 않지만, 웃어른에 대한 알 수 없는 두려움과 긴장감, 그것이 초등학교 시절의 모습이었다. 말을 더듬는 것 때문에 수업 시간에 선생님이 책을 읽으라면 책을 읽을 수 없었다. 분명히 글씨는 다 아는데, 읽는 것을 포기해야 했다. 책을 읽으라면 책을 읽지 못하고 얼굴만 붉히며 서 있다가, 선생님이 "앉아."라고 말하면 털썩 주저앉았다. 그런 나를 친구들은 한글도 모르는 아이처럼 오해했다. 그러나 시험을 보면 시험점수는 90점에서 100점이 나왔고, 친구들은 그런 나를 이상하게 생각했다. 말을 더듬느라 책을 읽지 못하고 얼굴만 빨개졌던 것이 창피해서 친구들과 함께 놀기가 싫었다. 혼자 있는 시간이 좋았고, 말하는 대신 속으로 책을 읽는 것을 좋아했다. 친구들과 어울리지 못한 대신 집에서 시간을 보냈다. 집에는 누나 셋에 여동생까지 하나 있어서 같이 놀면서 심심하지 않았다. 고무줄놀이나 땅따먹기, 공기놀이를 하며 놀았다. 말을 더듬는 것 때문에 다른 사람 앞에서 말하는 것을 피하고, 말없이 놀 수 있는 놀이를 좋아했다. 그래도 예외는 있었다. 집과 교회에서는 말 더듬는 것이 그렇게 심하지 않았다. 지금 생각해 보면 긴장감이 높지 않아서였을 것이다. 초등학교 다니던 시절에는 교회 갈 때마다 '말을 더듬지 않고 잘하게 해달'고 하는 것이 기도의 제목이었다.

"하나님, 말 더듬지 않게 해 주세요, 말도 잘하고 책도 잘 읽게 해 주세요."

기도 응답이었을까? 중학생이 되면서 말 더듬는 불편함이 없어졌다. 정말 신기했다. 날아갈 것 같은 기분이었다. 초등학교 다닐 때는 말을 더듬어서 그렇게 불편했었는데, 중학생이 되면서 어느 순간 그런 불편함이 사라졌다. 초등학교 다닐 때는 말을 더듬느라 책도 읽지 못했는데, 중학교 다닐 때는 책도 잘 읽고, 친구들과 어울려 시간을 보내는 것도 좋았다. 그리고 고등학교 다닐 때는 교

내 웅변대회에 연사로 나서기도 했다. 전교생이 천오백 명 정도 되는 공업고등학교였는데, 전교생 앞에서 하는 웅변대회에 2학년 기계과 대표로 웅변대회에 나갔다. 그때 했던 웅변은 어버이날 기념 웅변대회였고, 부모님의 꾸중은 자녀를 미워해서가 아니라 사랑하기 때문이라는 내용이었다. 초등학교 시절에는 말을 더듬느라 책도 읽지 못하고 친구들과 어울리지도 못했는데, 고등학생이었을 때는 전교생 앞에서 말을 더듬지 않고 웅변을 아주 매끄럽게 마쳤다. 그리고 장려상을 받아 집에 오니 부모님이 "초등학교 다닐 때는 말을 더듬느라 책도 읽지 못하던 아이가 웅변대회에서 상을 받았다."고 좋아하셨다.

다른 사람 앞에서 주눅이 들어있던 아이, 수업 시간에 친구들 앞에서 책도 읽지 못하던 아이, 혼자 있는 것을 좋아하고, 고작해야 집에서 누나들과 함께 시간 보내는 것을 좋아했던 아이가 어른이 되었다. 신학 공부를 마치고 목사가 되고, 또 상담학 공부하여 심리상담사가 되었다. 심리상담사가 된 후로 내 어린 시절을 닮은 내담자를 만날 때가 있다.

오래전 일이지만 중학교 1학년 재학 중인 상규(가명, 남, 14세)를 만나 상담했던 적이 있다. 상규는 내 어린 시절을 생각나게 하는 말을 더듬는 아이였다. 말을 더듬어서인지 처음엔 좀처럼 말을 하지 않았다. 겨우 몇 마디 주고받거나 말하는 대신 척도 검사를 하면서 서로를 알아가는 시간을 가졌다. 그리고 친해지려고 노력했다. 두세 번 상담이 진행되고 마음이 편해졌는지, 4회기 때부터 조금씩 말을 하기 시작했다. 상규는 말을 더듬었기 때문에, 아주 천천히 조심스럽게 말을 이어갔다. 그는 아픔이 있는 아이였다. 초등학교 입학도 하기 전에 부모님이 이혼하시고, 엄마하고 살았는데, 엄마도 5년 전 다른 아저씨를 만나 재혼하면서 엄마하고도 떨어져 살게 된 아이다. 엄마는 같은 동네 다른 아파트에 살면서 일주일에 한 번 정도 찾아와 반찬만 해 주고 갔으며, 대화는 별로 없었다고 했다. 집에서는 두 살, 네 살 많은 누나와 함께 사는데, 누나들은 늘 바빴고, 누나들과도 별로 대화가 없었다고 한다. 그런데 상규는 다행히 친구들과는 친하게 잘 어울렸다. 그런데 그러다 문제가 생겼다. 하루는 친구들과 어울려 놀다가 길가에 있는 오토바이를 보고 친구들이 상규더러 밀어보라고 했다는 것이다. 친구들과 장난으로 열쇠도 없는 오토바이를 밀어 몇 미터 이동했는데, 오토바이 절도범으로 신고되어 경찰서로부터 상담이 의뢰된 사례였다. 친구들과 놀면서 친구들이 시켜서 했는데, 자기만 오토바이 절도범으로 신고되었다고 억울해했다. 상규가 오토바이 절도범으로 신고되어 경찰서에 있을 때 엄마가 잠시 다녀가긴 했지만 큰 도움은 되지 않았다고 엄마에게도 서운해했다. 상담 횟수가 많아지면서 상규의 마음을 알게 되었고, 상규가 받는 상담은 '벌을 받는 것이 아니라 보호받는 것'이라는 느낌을 주고 싶었다. 상담실에서 하던 상담을 센터 근처의 공원에 나가 상담했다. 벤치에 앉아 과자를 먹고 아이스크림도 먹었다. 공원에서 걷는 사람들을 보더니 상규가 자기도 걷고 싶다고 말했다. 같이 걸으며 가벼운 얘기를 나누고, 약속이나 한 듯 서로를 보며 웃었다. 상규가 행복해 보여서, 밖에 나오길 참 잘했다고 생각했다. 그런데 상규가 부탁이 하나 있다고 말해서 무엇인지 물어보니 예상치 못한 말을 했다.

"선생님 차 있죠, 선생님 차 타고 자동 세차장 통과해 보고 싶어요."

"그래? 그거 어려운 부탁도 아닌데 한 번 해볼까? 그런데 상규는 왜 그걸 해 보고 싶어?"

"친구들이 자기 아빠 차 타고 자동세차장 통과한 것을 얘기하는데, 저는 그 느낌을 몰라서요."

그날 상규와 함께 자동세차장에 갔다. 자동세차기에서 나오는 시원한 물줄기를 통과하며, 우리는 서로를 마주 보고 또 웃었다.

말을 더듬던 내 어린 시절을 닮은 상규를 따뜻하게 보듬어주고 싶었다. 초등학교도 입학하기 전에 부모님의 이혼으로 아빠는 아예 만날 수 없었고, 엄마마저 재혼해서 따로 살고 있어서 외로웠을 상규를 더 깊이 사랑해 주고 싶었다. 친구들과 어울려 놀다가 장난으로 밀었던 오토바이 사건으로 억울하게 경찰서에 갔을 때, 경찰서에 찾아온 엄마도 별 도움을 주지 않고 그냥 돌아갔다는 말을 들으며, '상규가 얼마나 무섭고 힘들었을까!' 하는 생각을 했다. 상규가 어렸을 때 엄마와 이혼한 아빠는 전혀 연락도 되지 않고, 누나들도 각자 바쁘고, 엄마마저 아저씨 만나 재혼해서 다른 아파트에 살면서 상규는 외로운 아이가 되었다. 부모님에게도 누나들에게도 무슨 사정은 있었겠지만, 상규가 그 모든 것을 감당하기엔 힘들었을 것 같다. 이제 정해진 회기가 지나고 상담은 종결했다.

처음엔 말을 더듬던 아이가 10회기 상담이 끝날 때쯤에는 말을 더듬지 않았다. 상담이 마치던 날 상규는 부탁이 또 하나 있다고 말했다. "선생님, 저 한번 안아 주실 수 있나요?" 그날 상규를 보내며 안아 주었다. 상규도 기다렸다는 듯이 팔에 힘을 주어 꼬옥 안았다.

만남-성장의 시작

이선희

나는 어떤 향기를 내는 사람일까? 나를 만나는 사람은 나에게서 무엇을 느낄까?

나는 완전하지 못한 사람이다. 감정 조절이 되지 않아 웃다가 울기도 한다. 괜히 혼자 낙심하여 기진맥진하기도 한다. 이럴 때 수다 떨며 맛난 것 먹을 수 있는 사람들이 있다. 내 말에 고개 끄덕여주고 내 편이 되어 주는 마음이 따뜻한 사람들이다.

2001년 3월 평생교육원 아동 상담 강의를 들었다. 지도 교수와 첫 만남이었다. 똑 부러지는 말과 행동에 입을 벌리며 감탄했다. '상담'이란 단어에 귀가 솔깃해지며 가슴 설레는 강한 끌림이 왔다. 대학원 입학을 망설이는 나에게 조언하신 지도교수 말씀이 기억난다.

"2년이라는 시간을 보내고 나면 선생님도 모르게 성장해 있을 자신을 보게 될 거예요."

학창 시절 교사가 되고 싶었던 꿈이 생각났지만 망설여졌다. 시댁 눈치도 봐야 했고, 아이들 교육도 걸려 선뜻 용기가 나지 않았다. 남편은 고민한 모든 것을 깔끔하게 정리하고 대학원 진학을 지지했다. 아들과 딸은 공부하는 엄마를 자랑스럽게 여기고 든든한 응원자가 되었다.

석사 졸업식 때 아버지는 많이 우셨다. 사위에게 고맙고 미안한 마음이 드셨단다. 아버지는 딸의 석사 모를 쓰시고 자랑스럽게 여기시며 활짝 웃으셨다. 자식에게 많은 것을, 더 좋은 것을 주고 싶은 것이 부모 마음이다. 나의 부모도 그랬을 것이다. 가난이 잘못은 아닌데 하고 싶은 공부 못 시킨 것을 늘 미안하게 생각하신 나의 부모님. 마흔이 넘어 박사 공부를 하면서 많은 사람으로부터 도움을 받았다. 돌아보니 도와준 이들이 많았고, 생각해 보니 엄지척 올리며 격려해 준 고마운 분들이 있었다. 상담을 통해 뾰족한 돌멩이 같던 내가 동글동글 매끈매끈한 몽돌이 되어가고 있다.

나는 인생을 잘살아 왔을까? 잘살고 있을까? 잘살아 갈 수 있을까? 답을 얻기 쉽지 않지만, 지금의 중요함을 깨달으며 성실과 열정으로 살아가고 있다. 인생에 정답은 없다. 단지 수많은 선택과 책임만 있을 뿐. 서툴지만 조금씩 만들어 가는 것이다. 인생은 수학 문제처럼 공식을 적용해 정답이 나오는 교과목이 아니다. 인생을 살면서 나만의 공식으로 '나'를 찾아가는 과정이다. 누구 때문에, 이러니저러니 하면서 힘들어한다. 그런데 나 때문에 누군가 힘들다는 것을 생각하지 못한다. 나도 그랬다. 나 때문에 가족이 힘들고, 직장 동료가 힘들 수 있다는 것을 외면했던 순간이 많았다.

"자네하고 살기가 힘드네."

결혼 3년째 남편이 말했다. 뒤통수를 한 대 맞은 느낌이었다. 순간 멍해지면서 입을 다물 수 없었다.

'얼마나 숨 막혔으면 그랬을까.' 정신이 번쩍 들었다. 부부란 '이해하고 용서하며 사랑하라.' 하늘이 맺어준 축복인데. 생각해 보니 그때는 왜 깨닫지 못했는지 후회스럽다.

"선생님은 너무 융통성이 없어요."

직장 동료는 내가 융통성 없고 답답하다고 했다.

"내 성향이 이런데 어쩌겠어요."

합리화가 단절과 불편함의 관계가 되기도 했다.

"자네가 상담 공부해서 최고의 수혜자는 나네."

남편이 고맙다고 웃으며 말할 때 뿌듯하였다. 보수적이고 완벽한 성향의 나는 '상담'이라는 만남을 통해 조금씩 다듬어져 가고 지나온 날들을 돌아보았다. 그리고 소중한 이들에게 편안하게 다가가는 연습을 했다. 쉽지 않은 여정이었다. 생각대로 되지 않을 때 실망했다. 여전히 내 기준으로 판단하고 결정하는 태도가 힘겨웠지만 수많은 인연의 엮임 속에서 나를 찾는 내면 여행을 계속했다. 그렇다. 그때 시작하지 않았다면 나는 지금 어디서 무엇을 하고 있을까?

'잘했어. 망설였지만, 상담은 최고의 선택이었어.' 되새김해 본다.

화장을 지울 때 클렌징을 사용한다. 하루 동안 땀과 먼지로 고통받았을 피부를 깨끗하게 한다. 씻고 나면 개운하다. 얼굴을 탁

탁 두드리며 '오늘도 잡티 숨겨주느라 고생했어.'

보이는 얼굴은 마사지도 하고, 팩도 하는데 보이지 않는 마음에 얼마나 귀 기울이고 있는지 생각해 본다. 귀 기울인 감정을 정리하는 정서적 클렌징을 얼마나 하고 있는지 생각해 본다. 감정을 마구잡이로 흘려보내지 않고 필요할 때 원하는 만큼 조금씩 조절해 사용하는 지혜가 필요하다. 나의 묵은 감정을 만만한 사람, 편한 사람에게 그냥 내키는 대로 아무렇지 않게 툭툭 말하지 않는가. 아무렇지 않게 배설한 감정들이 다른 사람에게 상처를 주지 않았는지 생각하니 많았다. 미안하다. 나는 감정을 내키는 대로 확 날려 뽀송뽀송해졌지만, 받는 누군가는 찝찝하고 역겨웠을지도 모른다. 나는 누구를 감정 쓰레기통으로 사용하는가? 내 감정 쓰레기통에 넣어야 할 것은 무엇인가?

내 마음의 쓴 뿌리가 불쑥불쑥 나를 힘들게 할 때가 있다. 부정적 바이러스가 침투하여 이성적 사고를 방해하기도 한다. 거름종이로 걸러 아무도 다치지 않게 처리하는 지혜가 필요하다, 인생을 살면서 모든 부분에 에이스가 될 수는 없다. 가끔 어리숙하고 빈틈이 있을 때도 있다. 내 주변의 사람들도 그렇다. 그들을 사랑하며 보듬어줄 수 있는 아량이 필요하다.

내 마음을 외면하고 인색했던 시간을 되돌아본다. 상담하면서 여전히 어색한 나를 만날 때

"잠깐 하늘을 봐. 되게 푸르고 맑지. 바람 소리도 들어봐. 눈을 감으면 산뜻한 바람의 향기가 슬며시 들어오잖아."

나를 토닥거린다. 바람에 따라 꽃잎이 흔들리고, 나뭇잎이 흔들리고, 나뭇가지가 흔들리고, 뿌리도 없어진다. 존재하는 모든 사람의 삶도 그런가 보다. 뿌리가 뽑히는 강한 바람이 불어오더라도 견디면 새싹이 돋고, 꽃이 피고, 열매도 맺는다. 살다 보면 비탈길만 있으랴. 가다 보면 꽃길도 있고, 오솔길도 있고, 수양버들 늘어진 호숫가 초록 길도 있다. 나는 지금 어느 길을 가고 있을까? 지금 걷는 길이 비록 힘겨울지라도 슬퍼하거나 실망하지 않는다. 그 길 끝에는 평안과 기쁨이 나를 기다린다. 그 길에서 나는 누군가를 만나고 누군가는 나를 만난다. 만남은 소중하고 아름다운 것이다. 사람을 사랑하며 살리는 향기로 살아가고 싶다.

바위틈에 피어난 꽃

임성희

고등학교 시절 후두염으로 쉰 목소리가 일주일 이상 지속된 적
이 있다. 처음으로 음성 언어치료를 접하게 되었고 고삼이었던 내
게 진로 결정에 영향을 주었다. 담임선생님과의 면담을 통해 언어
치료학과로 대학에 진학했다. 이론만 배우던 신입생일 때는 와 닿
지 않았지만 3학년 때 현장실습을 시작하면서 대상자의 문제점을
개선해준다는 것에 흥미로움을 느꼈다. 평범한 일상에 실습은 내
게 작은 이끌림이었다. 발달지연이 된 아동청소년을 위해 일주일
에 한 번 수업을 위해 준비하고 어떻게 하면 더 도움이 될지 준비
하는 시간을 처음 겪어본 것이다. 수업 시간은 항상 딱 맞게 도착
했었더라면 실습 당일이면 한두 시간은 일찍 가서 치료 목표에 맞
는 활동인지 확인해 보며 준비하는 시간이 즐거웠다. 상담을 하게
된 아이에게 진심으로 긍정적인 성장이 일어나도록 임했다.
ADHD(주의력 결핍 과잉행동장애)로 폭력 문제로 모두들 상담하기
를 불편하게 여겼던 아이였다. 그 아이를 1년간 지도해 주던 선배
는 연필에 찔리기도 하며 책상을 들썩거릴 정도로 과격한 행동이

많았다고 했다. 행동을 제지할수록 과격해졌고 폭력적으로 흥분하는 걸 볼 수 있었다. 그때부터 나는 기다림과 받아들임을 택했다. 일반 아이가 아니라 기질적으로 어려움이 있는 진단을 받은 아이기 때문이었다. 조절 능력을 키워주는 것과 문제해결방법을 언어로 표현하는 것이 미숙했다. 잘못된 행동을 교정하는 것과 다양한 상황극을 하며 감정을 배우고 이해의 폭을 넓힐 수 있도록 진행했다. 아이는 약물을 복용하며 상담을 한 번도 빠짐없이 참여했고, 주 양육자 또한 아이의 행동에 이해할 수 있도록 부모교육을 해 주었다. 단기적으로 극적인 변화를 얻긴 어려울지 몰라도 꾸준한 노력과 관심이 더해진다면 안되는 건 없다는 것을 알게 되었다. 이 아이가 내 첫 내담자로 내 진로에 결정에 큰 영향을 주었다.

그렇게 언어치료사로 취업을 했고 금방 일에 적응했다. 2년의 시간 동안 근무를 하고 쳇바퀴처럼 굴러가는 일상에 지루함을 느껴졌다. 색다른 자극이 필요했다. 열정보다는 친구들이 공부를 지속했기에 나 또한 언어치료 대학원에 진학을 준비했다. 그러던 어느 날 우연히 소개받게 된 센터 인수 건, 혹했지만 당시 스물여섯이었던 내가 센터를 운영한다는 것은 생각지도 못했던 일이다. 이렇게 경험도 부족한 내가 운영을 할 수 있을까? 학부모들이 나를 믿고 아이들을 맡겨줄까? 두려웠지만 결정하는 데까지 시간은 오래 걸리지 않았다. 당장의 학업보다는 현장에 비중을 두고 싶었기에 대학원 입학금 환불을 요청했고 아동청소년 발달치료센터 운영을 한번 해 보기로 결심했다. 젊을 때 다양한 경험을 할 수 있다는 것과 어렵더라도 스스로 선택해 부딪혀보고 싶었다. 그리고 '내가 한 선택을 존중하고 꼭 잘 해낼 거야'라고 다짐했다.

당차게 시작한 치료센터의 기존 인테리어는 마음에 든 구석이 하나도 없었다. 최소한의 비용으로 바꿀 수 있는 것이 어떤 것일지 고민했다. 공간을 잘 활용할 수 있도록 하나씩 바꿔나갔다. 불편한 치료실 책상을 편하고 안전한 것으로 바꿨고 망가진 교구들은 버리고 말끔하고 깨끗한 것들로 채워나갔다.

커피를 마시지 못했던 나는 어느 순간 커피를 하루 세 잔은 먹어야 직성이 풀렸다. 지난 2년간 근무했었던 직장에서의 퇴직금으로 한달 한달 생활비를 충당하며 시간이 흘렀다. 늘 당찬 모습만을 보여준 뒤로 두려움이 있었나 보다. 내내 조용한 센터에 차가운 공기와 고요함이 무서웠다. 직장을 다닐 때는 늦잠 자는 것이 소원이었다. 어째서인지 상담도 없고 출퇴근을 간섭할 누구도 없었지만 새벽 한 시가 넘어서 자도 자동으로 아침 6시면 눈이 떠졌다. 소수의 내담자들이었지만 센터에서 편안한 안정을 얻었으면 하는 바람과 치료사 선생님들을 어떻게 이끌어야 할지 무게감에 압박이 되었다. 에라 모르겠다 하는 심정으로 어떻게든 잠을 자려고 했지만 불면증처럼 잠이 오지 않았다. 불안함과 책임감은 게으른 나의 성향을 바꿔줬다.

상담지원금 사업을 따기 위해 열정은 넘쳤지만 복지사업 관계자들을 대하는 것이 너무도 미숙하고 어려웠던 시절, 사업 하나라도 연계해 보자라는 마음으로 지역사회 지원단에 문을 두드렸다. 이

십 대 중반의 젊은 여자가 마음에 들지 않았던 건지 들고 온 사업 계획서가 탐탁지 않았는지, 경험이 부족하고 논문도 안 써봐서 잘 모르는 것 같다며 30분이 넘게 잔소리를 들었던 적도 있었다. 분명 주어진 서식에 맞게 작성했는데 왜 나한테만 훈계를 하는 것일까? 조금 억울한 마음이 들기도 했지만 부족한 내 모습은 그의 말도 맞았기에 반박할 수 없었다.

3년의 시간이 지나 서서히 안정되며 그동안 잊고 지냈던 공부가 하고 싶어졌다. 언어치료학을 전공했던 나는 고민했다. 전공을 그대로 이어서 공부를 해나가는 게 좋을지 원하던 상담심리 공부를 하는 게 좋을지, 센터에 내원하는 아이들은 발달지연과 더불어 내면의 위로와 따뜻한 보살핌이 필요했다. 내담자의 마음을 탄탄하게 도와주는 전문성이 부족한 나는 역량을 채워나가야 한다고 생각했다. 미술상담심리, 푸드아트테라피 등 상담에 대한 내용을 계속해서 배웠고 그럴수록 상담에 매료되어 더 갈망하게 되었다.

나는 센터에서 하루를 온전히 보냈기에 퇴근 후 다닐 수 있는 상담심리학과 대학원에 진학하게 되었다. 여러 가지 동기와 목표를 가지고 온 사람들이 있었고 연령대도 20대부터 60대까지 다양했고 배움의 열정에는 나이는 아무런 문제가 되지 않았다. 그리고 대학원에서 이미 상담에 종사하는 분들, 아이들을 다양한 시각에서 이해할 수 있도록 노력하시던 교감 선생님, 환자와 동행하며 정신병동에 근무하시는 간호사 선생님, 다양한 경험과 감정을 가지고 있었다. 서로 교류함으로써 내 마음 건강도, 인간관계, 직장

생활, 개인적인 성장까지 긍정적으로 향상시키는 데 기여를 했다.

열심히 학업에 집중하는 모습이 좋은 자극제가 되었다. 직장과 공부를 병행하면서 개인 시간은 현저하게 줄어들었다. 눈뜨면 출근, 퇴근하면 학생의 본분으로 돌아갔다. 수업 시간에 늦을까 봐 부랴부랴 한 시간 운전해서 도착하면 3시간 연강의도 힘든 줄 몰랐다. 수업을 마치고 동네에 도착하면 밤 11시, 자야 할 시간이지만 배고픔에 집 앞에 있는 콩나물국밥을 먹으며 하루를 마쳤던 것이 생각난다. 일도, 공부도 효율적으로 하고 싶었기에 하루 일과 시간표를 미리 작성했다. 부족한 시간을 허투루 보내지 않고 유익하게 보내고 싶었다. 혼자였다면 불가능했을지도 모른다. 그러나 격려해 주는 동기들이 있었기 때문에 함께할 수 있었다. '빨리 가려면 혼자 가고 멀리 가려면 함께 가라'는 말처럼 서로에게 연결고리가 되어 이끌어주었다.

막둥이 맹꽁이의 꿈

정명자

어릴 적 잊히지 않는 기억이 누구에게나 있기 마련이다. 나에게도 그런 기억들 몇 개가 있다. 그 기억이 힘들고 아팠기에, 바로 그때 누군가의 위로와 도움이 필요했다는 것을 이제는 안다. 나도 몰랐던 부모에게 받은 상처를 자식들은 가끔 이야기할 때가 있다. 그냥 지나간 옛이야기로 넘기기엔 아이들의 상처는 크다. 사랑한다는 이유로 주고받은 일이 자식은 아팠단다. 긴 시간이 흘렀는데도 좋지 않은 기억으로 남는다는데 그냥 지나쳐서는 안 되지. 지금 이야기를 진지하게 들어주고, 사과할 것은 해야 한다. 나쁜 기억을 보듬고 사는 일이 얼마나 힘든 일인가. 그것 때문에 남은 여생 동안 상처는 더 부풀려질 수도 있다. 그래서 기억을 더듬어 말하고 있는 자녀가 오히려 고맙다. 지금이라도 아팠던 기억을 회복할 기회가 있으니 다행이다. 있었던 모든 일은 운명이다. 상처 없는 영혼이 어디 있으랴. 아픈 기억의 파편에도 불구하고 나는 잘 살아왔고 앞으로도 그러리라 믿는다. 아이들도 엄마와 함께 치유와 소통으로 단단하고 굳은 땅에서 살아갈 것이다. 고통스러운 시간 때문에 공부가 필요했다. 그 고통이 상담사의 길을 가게 있으니 참으로 감사한 일이다.

　네 살 되던 해, 나보다 두 살 어린 조카를 낳은 이복 언니 집에서 지낸 적이 있다. 부모님은 양쪽에 자녀가 있었고, 두 분이 만나서 딸 셋과 아들 하나를 낳은 재혼 부부다. 이복언니의 흑백 결혼식 사진에는 네 살 위인 오빠까지만 있고, 세상에 나오지 않은 나는 없었다. 어릴 때, 이복언니 결혼사진에 없는 나는 어디 갔냐고 물으면, 언니와 오빠는 막둥이는 아직 태어나지 않았는데 어떻게 사진을 찍냐고 맹꽁이라고 놀려댔다.

　늘 시끌벅적 분주한 집을 처음 떠나 엄마를 그리워하는 사진 속 아이의 나이는 네 살이다. 우연히 가족 앨범에 꽂혀있는 나의 어린 시절 독사진 뒤에 '68년 여산 언니 집에서'라고 적힌 글을 보고 그때의 정확한 나이를 알게 되었다. 이복언니 집에 보내진 집안 사정의 이유는 지금도 모른다. 아버지를 따라 기차를 타고 버스를 갈아타고 도착한 집에서는, 저녁 식사를 준비하느라 분주한 언니가 아버지를 반갑게 맞았다. 언니는 자기 딸보다 두 살 위 어린 동생도 번쩍 안아 주었지만, 난 부끄러워 아버지에게 가겠다고 두 손을 내저었다. 우물이 있고, 수탉이 위세 등등하게 몇 마리의 암탉을 거느린 작은 시골 마을에 나를 두고 아버지는 다음 날 집으로 돌아갔다. 그때의 기억들이 이 빠진 퍼즐 조각처럼 떠오르면 뭔지 모를 슬픔이 차오른다. 군인 남편을 따라 어린조카를 키우는 언니는 타향이지만 억척스럽고 야무진 성격으로 항상 동네

어르신들과도 시끌벅적한 수다를 떨면서 너스레 좋게 잘 어울리는 새댁이었다. 동네 한쪽 낮은 동산에, 마주 보고 타는 그네와 시소, 그리고 초등학교 입학하고서 알게 된 지구본이라는 이름의 놀이기구가 있는 아담한 교회가 있었다. 언니 부부를 따라 교회와 군인 가족들이 출입하는 영화관에도 따라다니며, 집에서도 못 누린 문화 혜택까지 누렸다. 거기서 사귄 시골 친구들과 놀이터에서 놀다가, 혼자 있을 때는 엄마가 보고 싶어 울기도 했다. 우물 주변을 지나려면 어린 내 등을 쪼아대던 수탉은, 공룡 같은 크기로 꿈에서도 쫓아오는 무서운 괴물이다. 장대로 커다란 닭을 쫓아주고, 울고 있는 나를 달래주던 언니가 있었지만, 내 서러움과 두려움까지 달래주지는 못했다.

그러던 어느 날, 어두컴컴한 방에서 자다 깬 나는 혼자서 일어나 오줌을 누려고 문을 향했지만, 밖에서 잠근 문은 꼼짝하지 않았다. 급한 나머지 울면서 방에 오줌을 싸버렸다. 어른이 된 나의 해석으로는, 어렸어도 수치심과 버려진 느낌은 있었을 것이다. 언니 부부가 자는 나를 깨우기 뭣해, 집에 두고 가면서 문을 잠그고 외출한 것이다. 아이 우는 소리에 놀란 주인집 할머니는 문을 열어보려고 애썼지만 소용이 없었다. 언니 내외가 영화관에 가서, 곧 올 것이라는 말이 위로가 되지는 않았다. 작고 어두운 방, 오줌까지 질펀한 그 방에서 혼자 악을 쓰며 울었다. 할머니 말을 믿고 울음을 멈추기에는 그 방은 어둡고 나는 너무 어렸다. 문을 열려는 달그락거리는 소리와 흰 창호 문 너머의 희번덕거리는 어둠은,

아이 울음소리와 묘하게 겹쳐진 기억으로 남았다. 작은 일에도 덜컥 가슴이 내려앉는 새가슴의 증상과, 알 수 없는 상실감과 두려움은 성장기 내내 독처럼 살에 박힌 가시였다. 그 어두운 방에 홀로 우는 아이의 나이가 겨우 네 살이라니.

한 달쯤 지나 나를 데리러 오신 아버지를 따라 언니 집을 나섰다. 그리운 엄마와 언니 오빠가 보고 싶은 마음은 이복언니가 사준 예쁜 새 옷과 몇 가지 선물보다 더 설 다. 우리 집에 도착해, 나무 대문 사이로 보이는 엄마 목소리를 들었다. 아래 문간방에 살던 성희 엄마와 툇마루에 앉아 나물을 다듬고 계시던 엄마는 늘 그립던 모습 그대로다. 그런데 막둥이가 한 달을 언니 집에 다녀오더니 엄마 얼굴도 잊어버렸다며, 하던 일을 계속하며 웃기만 했다. 엄마를 만나면 예쁜 옷과 선물을 자랑하며 품에 안기고 싶었던 간절함은 무색했다. 대문 틈 사이로 보이는 엄마한테 달려가고 싶은 마음과 달리, 내게 한 걸음으로 달려오지 않는 엄마에게 서운하고 분했다. 나무 대문이 삐걱거릴 때마다 몸은 더 얼어붙어 꼼짝을 못 했다. 그때 마침 학교에서 돌아온 언니들이 대문간에 있는 나를 발견하고, 우리 맹꽁이 하며 번쩍 안아서 엄마에게 데려다주었다. 서운함과 서러운 눈물은 그리움과 범벅이 되어, 내 맘을 몰라주는 야속한 엄마 품에서도 풀리지 않았다. 살아가면서 작은 서운함도 잘 넘기지 못하고 꺽꺽대는 습관, 자기연민에 빠져서 혼자서 괜스레 눈물까지 흘려대는 나는 맹꽁이다. 그런 마음을 들킨 것 같은 맹꽁이라는 별명을 듣기 싫어했다.

엄마는 9남매 중 여덟 번째 막내딸이었지만, 일찍 돌아가신 외할아버지에 대한 기억이 별로 없었다. 엄마에게서 외할머니 이야기조차 들은 적이 없다. 엄마의 큰 올케였던 큰 외숙모님은 임신하셨을 때, 어린 시누이였던 엄마가 잔심부름을 해 주어 고마웠다고 자주 말했다. 어린 엄마를 회상하던 외숙모님 이야기를 더듬어 보면, 엄마의 어린 시절도 아픔이 있었고, 부모로부터 충분하게 받지 못했기에 자식에게도 표현을 잘 못했던 것 같다. 여고 시절까지 엄마의 팔베개를 독차지하던 막둥이에게, 언니 오빠의 부러움을 살만큼, 주신 사랑이 충분하다는 것을 이제는 안다. 딸 아들 낳아보고서야 알게 된 엄마의 사랑이 사무치게 고맙고 보고 싶다. 풀숲에 몸을 숨기고 우는 맹꽁이가 장마에 엄마가 보고 싶어 우는구나. 맹꽁 맹꽁 맹꽁꽁….

나와 다른 사람들에 대한 이해와 소통으로 삶이 편해진 건 분명 상담을 공부한 덕이다. 그럼에도 반복되는 패턴과 변화의 어려움은 일에 부담이 되었다. 그즈음, 2006년 버트 헬링거 선생님의 '가족세우기'를 만났다. 독일에서 버트 헬링거의 제자로 공부하고 귀국한 박이호 선생님과 인연이 되어, 전문가 과정 3년을 공부하게 되었다. 현상학적 심리치료로 얽힘을 풀어가는 혜안을 보여 주는 가족세우기는 엄청난 충격이었다. 박 선생님의 가족세우기 장에 참여했던 시간들은 부모님을 향해 다가가는 축복의 장이었다. 양파껍질 벗겨내듯 가족 얽힘을 직면할 때는, 발가벗겨진 것처럼 수치심이 들었다. 그렇게 만만치 않은 가족사를 받아들이며 상담사로서 성장할 수 있었다. 버트 헬링거와 박 선생님은 이제 고인이 되었다. 박 선생님이 번안하신 버트 헬링거의 책을 여러 선생님들과 스터디 할 때마다, 삶의 인식이 넓어지고 깊어진다. 버트 헬링거의 철학이 녹아있는 가족세우기는 세계 곳곳에서 놀라운 치료의 임상으로 놀랍게 진화해 간다. 헬링거와 박 선생님의 가르침은 내 남은 인생의 수련 목표이다. 상담을 받으려는 용기는 자신을 반쯤 직면한 것이리라. 직면하면 상처는 잘 아문다. 아문 상처가 힘으로 성장하면 다른 사람의 아픔까지 보듬을 수 있다.

막둥이 맹꽁이의 내면 아이는 어두운 방을 걸어 나와, 마루에 걸터앉아 어둠 속에 빛나는 별을 바라본다. 어둠 속에서도 사물은 또렷해지고, 기다리던 언니는 밤길을 재촉해 돌아와 나를 안아준다. 그리운 엄마를 만나러 가던 날, 나무 대문을 열고 달려온 엄마가 막둥이 맹꽁이를 안고 마당을 들어선다. 마당 가득 햇살이 퍼지고 보고 싶던 엄마 품에서 그리움과 서러움이 녹아나고 따스하기만 하다. 이제 가슴에 엄마를 안고 사는 막둥이 맹꽁이가 혼자서도 잘 살아간다. 씩씩하게 맹꽁맹꽁 맹맹꽁….

더 넓은 세상을 꿈꾸는 나

조미주

나는 목포에서 유아교육학과를 졸업한 후, 서울에서 직장 생활을 하고 싶다는 꿈을 부모님께 이야기했다. 서울은 내게 새로운 기회와 다양한 경험을 선사할 곳이었다. 하지만 부모님은 서울에서의 생활이 위험하다며 반대하셨다. 나는 독신자 아파트에서 안전하게 지낼 수 있다고 설명해 드리고 나서야 허락을 받을 수 있었다. 그렇게 작은 방에서 다른 여성들과 함께 지내며, 나는 서울에서 새로운 삶을 시작했다. 서울에서의 첫 직장은 학습지 선생님이었다. 설레는 마음으로 예쁜 치마 정장과 구두를 샀지만, 현실은 녹록지 않았다. 험난한 비탈길을 내려오면서 발이 부어오르고 피가 배어 나오는 상황 속에서도 나는 포기하지 않았다. 그렇게 힘든 현실을 견디며 직장생활을 이어가던 중, 아버지가 갑작스럽게 세상을 떠났다. 50세의 젊은 나이에 돌아가신 아버지를 보며 많은 생각과 감정이 교차했다.

아버지의 상을 치른 후, 내면 깊은 곳에서 내가 정말로 원하는 것이 무엇인지 고민하기 시작했다. 그 결과, 나는 외국에서 새로운 삶을 경험해 보고 싶다는 결정을 내렸다. 더 큰 세상을 보고, 느끼고, 성장하고 싶은 마음이었다. 호주로 떠나기로 했을 때, 그 선택은 단순한 여행 이상의 의미가 있었다. 한국을 벗어나 더 넓은 세상을 경험하고 싶었고, 그 속에서 진짜 나를 찾고 싶었다. 목포의 작은 동네에서 자라난 내가 혼자서 호주로 떠난다는 건 대담한 도전이었다. 사람들은 나의 결정에 놀라기도 했지만, 나는 새로운 시작이 가져다줄 배움과 성장에 대한 기대감으로 가득 차 있었다. 나는 호주에서의 1년이라는 시간을 통해 '배움'이란 단순히 지식을 쌓는 것을 넘어, 자신을 이해하고 세상을 더 깊이 바라보는 능력을 키우는 것임을 깨달았다. 그곳에서의 경험은 나를 더 강하고, 더 열린 마음으로 성장하게 했다. 그리고 그 모든 경험이 모여, 내 안에 깊이 자리한 열망을 일깨웠다. '나는 더 많은 것을 배워야 하고, 더 넓은 세상을 알아가야 한다.'라는 확신이 들었다. 그곳에서의 경험은 나에게 끊임없이 배움의 가치를 일깨워 주었다. 나는 한국으로 돌아오면서 새로운 목표를 품게 되었다. 내가 배운 것들을 토대로 더 많은 사람에게 선한 영향력을 미치고 싶었다. 그리고 그 과정에서 내가 진정으로 원하는 삶을 살아가고자 하는 결심을 굳히게 되었다.

목포로 잠시 내려와 휴식을 취할 때였다. 장애 전담 어린이집에서 근무하던 친구가 출산휴가를 가게 되면서 나에게 대신해 일해 줄 수 있겠느냐고 물었다. 아이들을 좋아했던 나는 망설임 없이 수락했고, 그 결정은 내 삶의 새로운 장을 여는 계기가 되었다. 그곳에서 발달이 늦은 아이들을 돌보며 언어치료의 중요성을 몸소 느꼈고, 이 일이 나에게 주는 보람과 의미를 깨닫게 되었다. 바로 이 순간, 나는 언어치료를 본격적으로 공부하기로 했다.

그리하여, 나는 다시 학교로 돌아가기로 했다. 언어치료학과에 편입하면서 나는 나의 새로운 열정을 위해 끊임없이 학습했다. 치료를 공부하기 위해 학교에 간 것은 내 인생의 터닝 포인트가 되었다. 2년간의 학교생활을 마쳤고 졸업하기 전 국가 고시를 보고 언어재활사가 되었다. 치료사로서의 길을 걸으며, 아이들과 그들의 가족들이 겪는 어려움에 진심으로 공감하게 되었고, 그들을 도와줄 방법을 더 깊이 알고 싶다는 열망이 생겼다. 언어치료사는 단순한 직업이 아닌, 내가 세상에 선한 영향을 미칠 수 있는 길이라는 확신이 점점 더 강해졌다.

열심히 언어치료사로 치료와 상담을 진행하였다. 점차 경력도 쌓이면서 아이들도 발전되어 가고 부모님도 만족해하는 모습을 보며 나도 치료사의 일에 만족스러웠다. 치료와 상담에 대해서 진심으로 일하던 중 좋은 기회로 치료센터를 설립하게 되었고, 나는 언어치료만으로는 부족하다는 생각이 들었다. 아이들과 부모님들이 겪는 문제는 단순한 언어의 어려움에 그치지 않았다. 그들의 마음을 이해하고, 심리적 지원까지 해줄 수 있어야 진정한 치유가 가능하다는 것을 깨달았다. 이때 나는 상담심리학에 깊은 관심을 끌게 되었고, 자연스럽게 대학원 진학을 결심하게 되었다. 대학원에서 상담심리를 공부하는 동안, 나는 인간의 복잡한 심리와 감정을 이해하는 법을 배웠다. 이론과 실습으로 사람의 마음을 깊이 들여다보고, 그들이 겪는 고통과 문제를 더 효과적으로 도울 방법을 익혔다. 이는 단순히 지식을 쌓는 것이 아닌, 내 삶의 철학과 가치관을 재정립하는 과정이었다. 나는 자신을 더욱 깊이 이해하게 되었고, 상담사로서의 소명감 또한 더욱 확고해졌다. 언어치료학과 편입에서 상담심리 대학원 교육학 박사까지 센터를 운영하면서 따로 공부하며 학교에 다니는 여정은 결코 쉬운 길이 아니었지만, 그 과정에서 나는 끊임없이 성장하고 변화했다. 나의 진취적인 선택들은 결국 내가 누구인지, 무엇을 위해 살아야 하는지를 깨닫게 해 주었고, 지금의 나를 있게 한 중요한 토대가 되었다.

이제 나의 지식과 경험을 바탕으로, 더 많은 사람에게 다가가고 싶다. 그들이 겪는 어려움과 아픔을 함께 나누고, 그들이 더 나은 삶을 살 수 있도록 돕는 것이 내 삶의 사명임을 깨달았다. 앞으로도 멈추지 않고 배울 것이며, 나의 여정은 계속될 것이다. 이 길이 나를 어디로 데려가든, 그곳에서 나만의 빛을 발하며, 세상에 긍정적인 영향을 미치고자 한다. 이렇게 작은 꿈에서 시작된 내 여정은 나를 더 큰 세상으로 이끌었고, 열정과 노력으로 성장해왔다. 지금도 더 발전하고 싶다는 열망을 품고 있으며, 다른 사람들에게도 선한 영향력을 끼치고 싶다는 꿈을 꾸고 있다. 나는 끝없이 배우고, 성장하며, 더 나은 내일을 향해 나아갈 것이다.

3장

누군가를 돌보는 것처럼

선택의 무게, 나를 찾아가는 길

강명경

매 순간 선택을 해야 한다. 결정을 내려야 한다. 하기 싫어도 해야 할 순간들이 있다. 그런데도 다수와 있을 때면 나의 의견을 뒷전으로 한다. 하루는 여러 명과 식당에 갔을 때이다. 메뉴가 다양하고 처음 와본 곳이다. 서로 뭘 먹을지 묻는다. 그러다가 여러 메뉴를 시켜서 같이 나눠 먹기로 한다. 신기하게도 내가 선택한 건 손이 별로 안가는 맛이다. 또다시 되뇌인다.

'괜히 골랐어. 내가 선택한 건 역시 별로야. 다수가 선택한 게 무난하고 괜찮아.'

"난 다 괜찮아, 원하는 대로 해."

모두 괜찮은 게 어디 있나, 나도 좋고 싫은 게 명확한 사람인데 말이다. 그런데 계속 괜찮다고 하다 보니 정말 괜찮은 게 되어버렸다. 스스로에게 괜찮은지, 어떻게 생각하는지 생각해 볼 새도 없이 패스하고 있다. 어떻게 다 괜찮을 수 있을까 싶지만, 정말 무엇을 먹어도, 어디를 가도 상관없었다. 내 선택에 대한 부정적인 피드백이 싫다. 나의 중요한 자율적인 선택권을 타인에게 넘기는 행동은 나만의 부담을 덜어낼 수 있다. 이런 방식에 익숙해졌는지 무기력이 함께 왔다. 살면서 경험한 일들은 누구에게나 있을 수 있다. 그래서 트라우마는 나와 관련 없는 줄 알았다. 남의 이야기인 줄만 알았는데 나도 모르게 상처가 깊숙하게 박히고 일상에서 함께한다. 나는 용기를 내어 상담을 받기 시작하고 내 이야기를 다른 사람에게 처음 꺼냈다. 긴 과정을 거쳐 치유를 받고 나니, 나도 누군가에게 도움이 될 수 있다면 도와주고 싶다. 쓰임 있는 사람으로서 있고 싶다. 내가 배우고 싶었던 공부를 하며 길을 선택했다. 계속 학업 과정에 있었더라도 새로운 학문은 일상생활의 변화다. 하나를 끝내면 또 다른 시작이 있다. 그럴 때마다 설레면서도 긴장된 마음이다. 본격적으로 상담 공부를 시작하면서 더욱 심층적인 개인, 집단 상담을 병행한다. 긴 훈련기간을 통해 나도 마음 상담과 발달재활사 역할로서 도움이 필요한 사람에게 상담을 제공할 수 있는 현장에 서 있다.

누군가 내게 묻는다. "피곤하지 않아요? 상담하고 나면 기 빨리지 않아요?" 이런 말을 꽤 많이 듣는다. 질문에 답을 한다면, 나는 오히려 에너지를 얻는다. 나를 만난 이후에 아이든 어른이든 하나씩 변화해 가는 모습을 보면 말할 수 없이 기쁘다. 그리고 만나는 과정에서도 이전과 달라지는 모습, 예를 들어 미소나 제스쳐, 대화 패턴 등 다양한 모습이 변화하거나, 통찰해나가는 과정이 보일 때도 그렇다. 처음 만났는데 괜히 호감 가는 사람이 있다. 말투가 거슬리거나, 괜히 가까이하고 싶지 않은 사람도 있다. 괜히 신경 쓰인다. 이런 것처럼 별 이유는 모르지만, 순간 내가 좋고 싫은 것에 대해 재빨리 판단될 때가 있다. 거슬린다면, 왜인지를 생각한다. 내 안의 시선에만 갇히지 않으려고 한 걸음 떼어본다. 그렇게 하나씩 성장한다. 누구에게나 각자의 치유 능력이 있다고 믿듯이, 나에게도 그런 능력이 있다고 믿는다.

　나의 대부분의 시간은 내담자들과 함께다. 일에서 느껴지는 충만감이 채워지고, 지속되는 동안 개인적인 삶에서 채워져야 할 부분은 신경 쓰지 못한다. 타인을 위한 시간과 에너지가 우선이다. 일은 좋지만, 에너지가 불균형하게 쓰이고 있다. 휴가철로 며칠 쉬게 되면 어김없이 아프다. 정신줄을 꽉 잡고 살다가 나도 모르게 고삐가 풀렸던 걸까. 여행계획을 세우는 사람들을 보면 부럽다. 나도 하면 되는데, 왜 못한 걸까. 나의 시간인데 왜 나 자신보다 다른 것을 우선으로 할까. 청소년기 아이들과 부모들을 만나면서 '나도 이 아이들의 나이였을 때, 상담을 받았다면 어땠을까'하는 물음표가 생긴다.

　말을 너무 잘하는 수아(가명)는 본인의 생각과 의견에 대하여 똑부러지게 말을 잘한다. 예의도 바른 아이다. 화가 많은 아빠와 우울한 엄마, 그리고 동생들과 함께 생활하는 과정에서는 자신도 모르게 계속해서 반복되는 패턴이 있다. 인간이라면 인정받고 사랑받고 싶은 욕구가 누구나 있다. 아이나 어른이나, 나도 마찬가지다. 수아의 부모님은 머리로는 알지만 현실에서는 변화될 수 없는 한계를 반복해서 이야기한다. 다람쥐 쳇바퀴처럼 말이다. 나는 수아가 괜찮은 척이 아닌, 자신의 존재에 대해 단단하게 자리 잡아갈 수 있도록 지지해 주고 싶다. 어쩌면 내게도 내 일처럼 생각해 주는 사람이 있었으면 하는 바람일까. 어린아이들의 해맑은 미소를 보고 있으면 나도 모르게 미소가 지어진다. 누군가 슬픈 눈을 하고 있으면 나의 눈도 슬퍼진다. 화가 났다는 이야기를 들으면 그 마음에 공감이 된다. 눈앞에 있는 대상과 내가 같이 공존하는 느낌이다. 이렇게 함께 하는 과정에서 상대방과 나는 서로의 마음을 어루만져주는 순간들이 있다.

발달 지연으로 도움이 필요한 아이들이 많다. 자신은 아닌 척하지만 '다들 그렇게 살잖아'라며 억누르며 버티는 사람들도 있다. 지극히 정상이라고 생각하며 사는 사람들도 각자의 방식으로 충족되고 채워져야 할 부분이 있다. 다른 사람의 삶이 좀 더 부러워 보일 수도 있다. 지금의 내 상황이 힘들다면, 그것과 반대되는 사람이 가장 부러울 테니까. 그러나 각자마다 고통스러운 부분이 있듯이 누가 더 잘나고 못난 건 없다. 타인의 삶을 이렇다 저렇다 평가할 권리도 없다. 내 삶도 마찬가지다. 내가 힘들어했던 상황들은 외부로부터 감당하기 어려운 압박도 있다. 중요한 건, 기준점이 외부를 향해 있다. 물론 내가 잘 해내면 스스로 해냈다는 평가가 되고, 능력과도 연결된다. 그렇지만 성과나 타인 중심의 평가가 나의 가치 여부를 결정하게 되는 경험은 별로다. 나의 삶의 기준과 방향이 타인에 의해 쉽게 흔들린다면 최악이다. 실시간으로 감정이 오르락내리락하고, 꾹 억누르고 참다가 갑자기 폭발한다. 평정심을 찾기도 어렵겠지. 아마도 나의 행복 주인은 남일 것이다.

난 이 시간을 살아가면서 나를 중심으로 살자고 다짐한다. 내가 주인공인 삶이지만, 이기적이지 않도록 적절한 타협점을 찾기로 한다. 나를 소홀히 하면서 타인을 위해 노력하는 것은 결국 내가 돌보는 이들에게 영향을 미친다는 것을 알고 있다. 누군가에게 진정으로 도움을 주기 위해서는 나 자신이 행복하고 건강해야 한다. 나를 돌보는 것은 이기심이 아니다. 사랑하는 사람들을 위한 책임이다. 나를 돌보는 따뜻한 과정이 누군가를 돕는 첫걸음이 될 것이다. 나는 선택의 순간마다 내 목소리를 내고, 타인과의 관계 속에서도 나를 잃지 말아야지. 나를 사랑하고 돌보는 것이 다른 이에게 줄 수 있는 가장 소중한 선물이다.

굿바이, 트라우마

김명서

40대 초반 중년 여성 K와 마주하고 있다. K는 남편과의 결혼 생활 문제로 혼란스러워하고 있었다. 불안한 표정으로 상담자인 나를 탐색하고 있는 모습이 관찰되었다.

"상담하려고 결심하기까지 마음이 아주 힘드셨죠? 용기를 내서 이곳까지 와주셨네요. 지금 기분이 어떠세요?"

K는 물끄러미 상담자를 바라보다가 눈이 촉촉하게 물기를 머금기 시작했고 잠시 후 소리 없이 눈물이 볼을 타고 내리며 시선이 벽으로 향했다.

과거 이혼을 결심했던 그때 내 마음이 생각이 났다. 이혼을 결정했지만, 막상 이혼하기까지는 마음의 무게가 얼마나 무거운지 알고 있다.

상담자로 돌아와 K에게 숨을 깊게 들이마시고 천천히 내보내기를 3번 반복해 보라고 요청했다. 호흡을 반복하며 심리적 안정감을 찾아가는 모습이 보였다.

K는 남편과 이혼하고 싶은 마음과 자녀들을 위해 이혼하면 안

된다는 생각으로 혼란스러워하고 있었다.

이렇게 K와의 상담이 시작되었다.

"남편의 일방적인 결론을 듣고 따라야만 해요. 나의 의사를 표현하지 못하는 상황이 답답해요. 그럴 때는 무시당하는 기분이 들어 참을 수 없어요. 남편에게 이야기를 들어달라고 하면 남편은 무슨 말인지 알겠다고 일축해 버리고 또다시 같은 상황이 반복됐어요. 이젠 지쳤어요."

상담자는 지금 그 말을 하면서 몸에서 어떤 반응이 느껴지는지 그 느낌을 느껴보라고 했다.

K는 숨을 쉬고 나서 자기 몸을 살폈다.

"가슴이 답답해요. 화가 나요. 억울해요. 말하고 싶은데 말하지 못하도록 하는 남편이 미치도록 밉고 몸이 굳어져요."

상담자는 공감해 주고 나서 혹시 과거에도 비슷한 느낌을 경험한 적이 있는지 찾아보자고 했다.

내담자는 눈을 감았다. 숨을 들이마시고 내뱉는 과정을 3번 반복한 뒤 조용히 과거 경험을 따라 과거로 돌아갔다. 잠시 후 입을 열었다.

"초등학교 1학년 때였어요. 집에서 그림을 그리며 놀고 있는데 아빠가 집에 들어오셔서 갑자기 화를 내며 앉아 있는 저에게 성큼 다가와 뺨을 때렸어요. 아빠가 너무 무서워 쓰러져서 한동안 숨 죽이고 있었어요. 아직도 아빠가 왜 화가 났는지 몰라요. 그래서인지 지금도 그 기억이 떠올리면 억울해요."

상담자가 물어보았다.

"당신은 그때 아빠에게 말하지 못한 억울한 마음을 남편에게도 느끼고 있네요. (네. 그러네요) 잠시 호흡해 볼게요. 과거 그 장면으로 다시 돌아가 초등학생인 나를 만나러 가볼게요. 만나러 갈 수 있나요?" (네.)

"좋아요. 만났어요?" (네.)

"좀 더 가까이 어린 나에게 다가갈 수 있나요?" (네.)

"억울하고 슬프고 아무도 나의 이야기를 들어주지 않는 외로운 어린 당신은 어른이 된 당신에게 어떤 말을 하고 싶은가요? 이야기해 줄 수 있나요?"

K는 심호흡하고 나서 어린 k가 하고 싶어 하는 표현을 했다.

"억울하다고 해요. 아빠가 좋은데 아빠가 화를 내니까 무섭고 속상하다고 해요. 아빠가 내 말을 들어주면 좋겠고 왜 화가 났는지 물어도 보고 싶은데, 듣고 싶은데 기회가 없었다고 말해요."

상담자는 K에게 요청했다.

"당신은 어린 '나' 대신 그 자리에 서서 말을 해줄 수 있나요?"

K는 다리에 힘이 들어간다고 표현하며 말을 이어갔다.

"아빠, 아빠가 나를 때려서 아팠어. 그래서 속상해. 나는 아빠를 사랑하는데 아빠는 나 사랑하지 않아? 아빠가 내 말 좀 들어줘. 내가 그런 게 아니야. 억울해. 나를 때린 거 사과해 줘."

상담자는 아빠가 되어 이야기해 주었다.

"아빠가 화가 나서 때린 거 미안해. 우리 딸 많이 놀랐지? 정말 미안해. 네가 그런 거 아닌 거 알아. 그런데 맞아서 억울했지? 아빠가 사과할게. 아빠가 미안해. 다음부터는 화부터 내지 않고 꼭 물어볼게. 딸아, 미안해, 사랑해!"

K는 상담자의 말을 듣고 나서 어깨를 들썩이며 한참을 흐느껴 울었다. 상담자는 내담자를 조용히 지켜보며 감정이 가라앉기를 기다려주었다.

K에게 아빠 말을 듣고 나니까 어린 K의 기분이 어떤지 물어보았다.

"아빠가 그렇게 말해줘서 기분이 좋아요. 후련해졌어요."

상담자는 부드러운 목소리로 물어보았다.

"당신은 어린 K를 안아줄 수 있나요?" (네.)

K는 다가가 안아주었다면서 편안한 미소를 보였다.

내담자의 얼굴을 보며 마른 꽃송이가 물을 만나 활짝 피어나는 꽃의 형상이 떠올려졌다. 상담사도 덩달아 행복에 미소 지었다.

K는 어릴 적 아빠로부터 받은 트라우마로 인해 현재 남편과의 관계에서 비슷한 기분이 들면 불편한 마음이 올라와 견디기가 어렵다는 걸 알아차렸다. 이후 몇 차례 상담하면서 자신의 감정과 생각을 표현하는 연습을 하고 난 후 가정으로 돌아가 남편과 이야기를 나누는 과정에서 후련한 기분이 들었다고 말했다. 이혼보다는 소통하는 부부관계로 발전하도록 남편과 노력해 보겠다는 의지를 보이며 한결 마음이 가벼워졌다는 소감을 전했다.

사람들은 관계 속에서 불편하거나 불안, 우울 등 부정적 감정을 긍정적인 감정보다 크게 반응하는 모습을 보이기도 한다. 이는 어릴 적 트라우마가 겉으로 드러나는 표면적 트라우마인지 살펴볼 필요가 있다. 과거 나를 힘들게 했던 사건을 경험하며 인지되었던 생각, 감정, 행동은 시간이 지나면서 고착되어 일상 속 다른 사람과의 관계에서 비슷한 상황을 경험할 때 과거 경험 반응을 보인다. 긍정적 자원으로 강화하고 난 후 과거의 장면에 들어가 지금_현재에서 다시 다른 각도로 바라보면 새로운 인지를 형성할 수 있다. 비로소 과거의 상처에서 벗어나 새로운 생각, 감정 그리고 행동의 변화를 경험한다.

제일 중요한 건 힘들었던 경험의 산물에서 이겨낼 수 있는 긍정의 힘이 나에게 있다는 걸 스스로 믿고 신뢰하는 자기 인지라고 말할 수 있다.

"자기 자신을 믿으세요! 충분히 잘할 수 있습니다. 지금도 충분합니다."

나를 살피다

김양희

코로 숨이 들어오고 나가는 이 단순한 생리적 활동조차도 힘이 들어 숨쉬기를 잠시 멈춘다. 그러다 크고 가늘고 길게 오장육부까지 빼낼 듯 숨을 쉰다. 마치 이 긴 숨 하나로 그동안의 답답함을 한꺼번에 모두 뱉어낼 기세로 뱉어본다. 나이 50이 되어서야 한숨이 아닌 오장육부가 뚫린 듯한 숨이 있다는 것을 온몸으로 체험한다.

"자연을 즐겨 봐", "걷기를 해 봐", "PT를 받아 봐" 등등의 주변 지인들의 권유. '갱년기'다. 잠시 머물다 갈 손님처럼 왔다가는 갈 기미가 보이질 않는다.

"엄마 갱년기야? 왜 그래?"라는 말 한마디에 '그래, 갱년기다. 어쩔래'라는 기세로 눈에 힘을 한 번 팍 준다, 오십견으로 갑자기 왼쪽 팔이 올라가질 않는다. 팔꿈치의 극심한 통증이 느껴져 병원엘 갔더니 엘보란다. 신발을 벗고 바닥을 디디니 뒤꿈치에 통증이 느껴져 발을 땅에 놓을 수가 없다. 족저근막염이란다. 온몸에 땀이 줄줄 흐른다. "이상하다. 강의하는 것이 긴장되었나?"라고 생각했다. 그런데, 그 후로도 갑자기 감당할 수 없을 만큼의 땀이 온몸을 흐른다. 누구에게나 갱년기 증상은 온다지만 달라진 몸의 변화에 적잖이 충격이었다. 갱년기가 오기 전까진 몸을 살필 겨를이 없었다. 오늘의 하루가 끝나면 내일의 하루가 기다리고 있었다. 정신없이 돌아가는 일상에 스케줄 하나라도 실수할까 봐 긴장되고 경직된 몸과 마음은 늘 뒷전이었다.

남편을 살피며 살았다. 아이들을 살피며 살았다. 시댁 식구들을 살피며 살았다. 내담자들을 살피며 살았다. 그런데, 정작 나 자신은 살피지 못했다. 동시에 몇 가지 일을 처리하고 해결하는지 가끔은 궁금할 때가 있었다. 2개의 컴퓨터 화면을 켜놓고 파일을 열심히 찾는데 마우스만 위로 아래로 굴리며 내가 지금 무엇을 찾고 있었는지에 대해 다시금 생각해야 할 때가 종종 있다.

가만히 생각해 본다. "너만 열심히 사냐? 다들 그렇게 죽을 똥을 싸듯 열심히들 살아"라고 할 것이다.

"그래 나도 알아 나만 열심히 사는 게 아니라는 것을. 그래서, 그러니깐, 그래도 알아달라고. 좀 알아달라고, 힘이 들어 죽을 것 같을 때가 있다고. 몸이 아프다고!" 소리 없이 악을 쓰듯 자신에게 외치고 외치다 보면 뜨거운 눈물이 흐르고 내가 나를 위로한다. "그래 양희야! 너 정말 열심히 살았어. 알아 성실하고 정직하게 열정적으로 사는 거 알고 있어." 이렇게 위로하고 나면 힘이 난다.

운동만이 답이라기에 PT를 등록해 시도해 봤다. 종일 긴장 속에 살다 지친 몸을 질질 끌고 건강해진다니, 이놈의 갱년기에 도움이 된다니 죽기 살기로 해 보자 했다. 엄마야, 첫날 많이 충격이었다. 일주일 동안 사지육신이 내 것이 아니었다. PT를 받으면 좋다는데, 땀을 빼고 나면 상쾌하다는데 그딴 건 없었다. "힘들어 죽겠네! 이런 젠장"이었다. 3개월 동안 11번을 가고 마무리했다.

자신을 살핀다는 건 무엇일까? 힘이 들었다. 육체적 힘듦과 정서적 힘듦. 감정의 힘듦이 나를 지배했다. 직장에서도, 대인관계에서도 감정에 대한 배려를 지나치게 하고 있음을 알아차렸다. 직장에서도 좋은 사람이 되고 싶었고 착한 사람이 되고 싶었던 강한 욕구가 간결하게 지시하고 명령하기보다는 묻고 장황하게 설명을 하고 있었다. 그런 정서적 낭비는 몸과 마음을 지치게 했고 쉬지 않고 달려온 20년의 상담사로서의 일에서도 소진을 느끼고 있었다.

언젠가 우연히 이선희 30주년 기념 음반 노래를 들었다. 깜짝 놀랐다. 고음으로 승부사를 걸 정도로 높고 시원시원한 음색이 특징이던 이선희의 목소리가 귓가를 간지럽혔다. "어 이게 뭐지? 뭐가 달라진 걸까?" 듣고 또 들었다. 한번 들으면 찾아 듣지 않았던 이선희 노래를 찾아 듣고 있는 나를 발견했다. 무엇이 이렇게 듣게 하는 걸까? 그렇다. 창법이 바뀌어 있었다. 힘껏 강하게 고음으로 지르던 이선희의 목소리에 '힘이 빠져 있었다.' "아, 이거구나." 이선희 목소리에 힘이 빠져 있었구나! 그렇다. '힘을 빼는 것이었다.' 열정적인 강의와 열정적인 만남, 열정적인 삶을 사느라 온몸에 힘이 많이 들어가 있었다. 힘을 빼는 것이 중요했다.

직장에서도 내 딴에는 배려라고 했던 것들이 상처로 돌아올 때가 있다. 마음이 다르게 전달되어 오해를 부르기도 했다. "아 뭐야? 내 말을 무시하는 건가?"라는 생각에 자존심이 상하고 상처

받아 표현하지도 못한 채 끙끙대며 속앓이하기도 했다. 아픈 몸을 살피다 알았다. 말에 감정이 많았다는 것을. 힘을 빼듯 감정을 빼는 연습을 했다. 신기했다. 마음이 한결 가벼워지는 것을 경험했다. 보태는 것보다 빼는 것이 더 어렵고 중요하다는 것을 느끼고 체험했다. 어깨에, 목소리에, 눈과 마음에, 온몸에서 긴장하고 잘하려고 노력하던 지나침이 빠져나갔다. 오랫동안 불안과 긴장 상태에서 상처받지 않기 위해 자연스럽게 발달시켜 온 이해하는 척, 괜찮은 척하던 나만의 무기 '척척이'를 내려놓고 바꾼다는 것은 쉽지 않았다.

마음을 살피고 싶다. 조금은 이기적으로.

"주고도 또 주고 싶은 것이 엄마의 마음이지!" 늘 입버릇처럼 하시는 엄마의 말이다. 77세. 조금은 아쉬운 연세에 뇌경색으로 1년 8개월 만에 아빠가 세상을 떠나셨다. 아무 이상 없이 MRI 한 번 찍겠다며 직접 운전하고 당신 발로 병원엘 가셨다가 돌아오시지 못하셨다. 엄마는 74세에 처음 세상에 나오셨다. 항상 모든 것을 아빠가 결정하시고 해결하셨기에 엄마는 경제적으로 큰 어려움 없이 집안 살림에 자녀들만 키우시며 가정주부로만 사셨다. 그런 엄마에게 세상은 너무 무서운 곳이었다. 병원에서 전문용어를 써 가며 설명해 주는 의사의 말도, 조치해야 한다는 간호사의 말도, 필요한 물품을 어디에서 어떻게 사며, 무엇을 어찌해야 하는지 몰라 하루에도 열두 번은 넘게 전화를 하셨다. 아빠의 뇌경색으로 찾아온 편마비와 혈관성 치매 증상은 엄마의 몸과 마음 모두를 지치고 힘들게 했다. 딸과 아들들을 찾기만 하던 엄마가 조금씩 꿋꿋하게 아빠 옆을 지키는 모습을 보이셨다. 아빠와 함께 1년 2개월을 꼬박 병원 간이침대에서 생활하시며 곁을 지키고 살피셨다. 병원 생활을 하는 동안의 부모님은 애증의 관계가 무엇인지를 보여주는 듯했다.

아빠가 돌아가시고 홀로 계신 엄마를 살핀다. 아침, 저녁으로 출퇴근 길에 하루도 빠지지 않고 삼 남매가 전화를 걸면 "오늘은 우리 딸이 젤로 꼴등이네" 하신다. 우리가 어릴 적엔 부모의 살핌과 돌봄을 받았다. 이젠 우리가 엄마를 살피고 돌볼 때이다.

모래는 기꺼이 자신을 녹여 유리를 만들어 내고

모랫글

'버텨내자. 끝까지 남는 자가 이기는 것이다.'

견뎌내기로 했다. 끝까지 살아남는 자가 이기는 자라는 생각이 들었다. 의뢰되는 학생이 많다는 것은 교사와 학부모가 나를 상담사로 인정했기 때문이라고 믿었다. 아이들은 내게서 인정과 지지를 받아 내적 에너지를 채웠고, 난 그들과 같이하는 시간 속에서 위로받고 존재를 확인해 나갔다.

2학년 H가 내 삶에 들어왔다.

엄마의 방임과 신체적 학대로 신고당해 시설에 연계된 후 엄마를 피해 극비로 전학해 온 학생이었다. 전학을 온 첫날부터 조그만 일에도 상상조차도 할 수 없는 거친 욕을 해 댔다. 분노를 조절하지 못하고 책걸상을 집어던지며 화를 냈다. 아이들이 다치고 수업 진행이 어려웠다. 위급상황으로 첫 상담이 진행되던 날, 잘해 보자며 손을 내밀어 악수를 청했더니 팔짱을 끼고 고개를 돌렸다. 내민 손이 민망했다.

"이렇게 많은 장난감을 혼자 가지고 놀아도 된다고요?"

모래놀이치료실로 안내하여 무엇이든지 가지고 놀아도 된다고 했을 때 H가 한 말이다. 어른들의 말은 안 믿는다고 했다. 그러나 눈동자는 소품장을 훑으며 반짝거리고 있었다. 상담이 진행되면서 아이는 무심코 이런저런 말들을 해 주었다. 한 번도 자신만의 장난감을 가져본 적이 없다고 했다. 시설에서는 형들이 선생님 몰래 괜찮은 것은 다 차지하고 무섭게 군다고 했다. 어느 날은 엄마가 아기를 등에 업고 있는 피규어를 만지작거리며

"우리 엄마는 내가 어디 있는지 알까요? 알면 전 죽어요. 엄만 아무거나 들고 때리거든요. 여기 귀도 엄마가 다리미로 그랬어요."

라며 귀를 만졌다. 데인 자국이 크게 있었다. 짠했다. 감당하기 어려웠던 경험을 처음으로 용기 내어 표현한 후로는 모래 상자에 표현되는 내용이 바뀌었다. 학교생활에도 변화가 있었다. 이유 없이 친구들에게 욕을 해 대기는 했지만, 교사가 타이르고 설득하면 미안하다고 사과도 했다. H가 안쓰러워 더 잘해 주게 된다는 담임의 말도 있었다. 정서적으로 안정되어 가던 12월 초, 엄마의 전화번호를 기억하고 있다고 고백했다.

"전화해서 엄마가 저 여기 있는 거 알면 제가 또 다른 곳으로 가야 한대요."

H는 엄마가 보고 싶은 마음을 꾹꾹 누르고 있었던 것이었다. 상처투성이 작은 아이를 꼭 안아주었다.

긴 겨울방학을 마친 개학 날, H가 등교하지 않았다. H가 지내던 시설에서는 아동의 엄마가 찾아와 행패를 부리는 바람에 다른

시설로 보냈다고 했다. 비밀 전학 처리라 어디로 갔는지 알려줄 수 없다고 했다. 울컥했다. 더 많이 안아줄걸. 우려되는 학생이라는 꼬리표를 달고 내게 왔다가 모래바람처럼 또 어딘가로 보내졌다. 말로는 표현이 안 되는 속상함과 아쉬움, 미안함이 밀려왔다.

"H야, 견뎌. 조금만 더 버텨."

난 H가 어디서든 잘 견디고 버티며 성장해 나갈 거라고 믿는다.

대상이 바뀌었다.

어느 순간부터 교장의 시선에서 멀어진 느낌이 들었다. '교감만 생각하면 치가 떨린다. 손발이 안 맞아 속 터진다. 내가 나가야지.'라는 말을 하고 다니는 교장의 모습을 쉽게 볼 수 있었다. 그러더니 인근 초등학교로 전보 발령받아 떠났다. 견디고 버텨서 남는 자가 이기는 자라고 수천 번 읊조렸던 절규는 그렇게 결론이 났다. 그리고 오래지 않아 내 상처에 약을 발라주는 사건이 뉴스를 통해 대서특필 되었다.

"○○시 N 초등학교 교장이 계약직 직원들과 방과 후 강사를 상대로 갑질을 했다는 주장이 제기되었습니다. 이를 주장한 것은 학생과 학부모들로 교장의 직위해제를 요구하고 있습니다."

교장은 전근 간 학교에서도 교사들과 갈등이 심각했다고 한다. 기간제 강사들을 부당하게 대우하고 해고했다는 뉴스가 며칠간 방영되었다. 그 후 불명예 퇴직했다는 소식이 지역에 쫙 퍼졌다. 그동안 눌러 두었던 울분이 한꺼번에 터져 나왔다. 꺼이꺼이 소리 내 울었다. '저 사람은 원래 저런 사람이었어. 넌 아무 문제 없었

어.'라고 누군가 위로해 주는 것 같았다. 보상받은 기분이었다. 그
것도 빠른 기간에.

"S가 없어졌어요. 한참 된 것 같은데 안 들어와요."
　학기 초 3월은, 학교 규칙을 지키지 못하고, 교실에 적응하지 못
하는 1학년 아이들이 많다. 담비가 돌 사이를 헤엄쳐 빠져나가듯
자연스럽게 교실을 나와 학교를 돌아다닌다. 그럼 어김없이 상담
실로 아이를 찾아달라는 연락이 온다.
　S도 그랬다. 자신의 자리에 가만히 앉아 있지 못하고 돌아다니
며 수업을 방해했다. 교사가 지도하려고 하면 바로 뛰쳐나갔다.
자동차가 수시로 지나다니는 교문 밖으로 무작정 내달렸다. 그러
면 나도 달린다. 헉헉거리며 쫓아가 도로 한가운데서 아이를 번쩍
안아 데리고 들어왔다. 모래놀이를 시작하고부터는 수시로 상담
실에 왔다. 상담에 방해되는 일이 잦았으나 다행이었다. 교문 밖
으로 나가지는 않으니 말이다.
　S의 아빠는 S가 세 살 무렵, 하던 사업이 망한 뒤 세상을 비관
하며 알코올 중독자로 지내고 있었다. 대신 엄마가 생계와 두 아
이의 양육을 책임졌다. S는 어려서부터 칭얼대거나 말을 듣지 않
으면 경찰서 감옥에 처넣겠다는 아빠의 협박을 받고 자랐다. 부부
싸움을 오롯이 목격하며 성장했다. 상담사가 실시한 집-나무-사
람 그림 검사에서 집은 경찰서 감옥을 그렸고, 사람은 감옥 안에
있는 자신을 그렸다. 상담 장면에서는 모든 불만과 불안을 모래에
퍼부었다. 얼마나 열심히 모래를 만지는지 늘 이마에 땀이 송골송

골했다.

"어제 119가 와서 아빠 손발을 들것에 묶어 D 병원으로 실어 갔어요."

12월 말, 어머니와의 상담으로 아빠의 알코올 중독 증상이 심각하여 병원 치료를 받고자 한다는 것을 알고 있었는데도 S의 말에 심장이 쿵 내려앉았다. S는 소품장에서 날개를 활짝 편 큰 독수리와 날개를 접은 작은 독수리 피규어를 가져와 모래에 마주 보게 올려놓았다. 아빠가 걱정되고 보고 싶은데 코로나로 면회가 되지 않는다고 했다. 이번 크리스마스는 슬픈 크리스마스가 될 것 같다고 했다. 지켜보는 내 마음도 안 좋았다. 그로부터 2주 뒤 S의 아빠가 알코올 중독치료를 받던 중 쇼크사했다는 연락을 받았다. 충격받았을 S가 걱정되었다. 지난 상담 시 S는 이렇게 될 거라는 것을 직감하고 있던 것은 아닐까?

장례를 마치고 등교한 S는 한 치의 망설임도 없이 모래치료실 소품장으로 갔다. 큰 독수리와 작은 독수리를 가져와 모래 상자에 놓고 동물들을 더 가져왔다.

"아빠의 무덤을 만들 거야. 튼튼하게 만들어야 해. 우리 힘을 내자. 영차영차."

큰 독수리를 모래에 묻고 주변에 동물들을 빙 둘러 세우고는 아빠의 무덤을 지키라고 했다.

"아빠, 제가 아빠 말 안 들어서 죄송해요. 아빠가 말한 것처럼 감옥에 가도 좋으니까 돌아오세요."

라고 했다. 왈칵 눈시울이 붉어졌다. 섣부른 위로 따위는 하고 싶지 않았다. 그냥 언제든지 찾아올 수 있도록 기다려주고 지켜봐 주었다. S는 어깨를 축 늘어트리고 가방만 들고 왔다 갔다 하는 학교생활을 했다. 담임도 걱정이 이만저만이 아니었다. 한 달쯤 지났을까? 모래놀이 상담을 하던 중, 아침부터 흐리던 하늘에서 비가 내리기 시작했다. 창문에 빗줄기가 쪼르륵 흘러내렸다.

"선생님, 저 비는 아빠가 하늘에서 제가 보고 싶어 흘리는 눈물 같아요."

라고 했다. S의 슬픔이 고스란히 전해졌다. 가족이 헤어진다는 것은 슬픈 일이다. 그러니 울어도 된다고 해 주었다. 몰래몰래 우는 엄마가 불쌍해서 자신은 울지 못했다고 했다. 자기가 말을 안 들어서 아빠가 병들었고, 돌아가시게 되었다고 하며 엄마에게 미안하다고 했다. S는 그렇게 한참 울었다. 내가 해 줄 게 없었다. 그냥 진심을 담아 손을 꼭 잡아주었다. 그 뒤 S가 작업하는 모래 상자에 큰 독수리와 작은 독수리가 출현하지 않았다.

미칠 것 같은 양가감정

소유

나는 심리상담사가 되었다. 과정이 순조롭기만 했던 것은 아니다. 내가 제일 힘들어한 대상은, 주의력 결핍 및 과잉 행동 장애(Attention Deficit Hyperactivity Disorder)를 가진 아동이다. 주된 증상이 산만함과 자제력 부족인 것을 알고 있다. 그런데도, 내 말에 집중하지 않는다고 느껴질 때 나의 맥박이 급격히 빨라지고, 얼굴은 붉게 달아오르며, 불안감에 휩싸이기 시작한다. 상상 속의 나는 양손으로 아동의 멱살을 잡은 채 이를 악물고서 '내 말이 말 같지 않니! 내 말이 우습지! 내가 이러려고 어렵게 공부해서 학위 받은 줄 알아!'라는 말을 한 후 아동을 바닥으로 내동댕이친다. 현실에서는 불가능한 일이기에 감정을 억누르며, 이성과 충동 사이에서 고통을 경험한다. 통제에 실패했다는 좌절감은 한동안 나를 힘들게 한다. 왜 통제하고 싶었던 걸까? 나에게는 또 어떤 흉터가 새겨져 있는 것인지 알아차려야 한다. 어린 시절에 나는 '엄마를 화나게 만든 나는 못된 아이야. 잘못했으니까 반성해야 돼. 말을 잘 들어야 돼.'라는 생각을 자주 했다. 그렇지만 그것보다 우선된 나의 생각은 이렇다. '내가 무슨 잘못을 해서 이렇게 혼나고 있지? 뭘 잘못했냐고!' 상황을 받아들이지 못하는 마음이다. 그 마음을 억지로 깊은 곳으로 밀어 넣는다. 엄마의 생각대로 순응하려고 노력한다. 그래야 평화가 찾아온다고 믿기 때문이다. 그런 경험 때문에 나는 당연히, 아동의 행동을 통제해야 한다고 생각한 것이다.

"자리에 앉아. 계속 왔다 갔다 하니까 선생님 화가 나려고 하는데."

라고 겁을 줄 때도 있고, 귀찮을 때는 엄청 신경은 쓰이지만 모르는 척 방관한다. 그렇지만 아동들은 내 생각대로 순응하지 않는다. 갑자기 아빠한테 간다는 아동도 있고, 재미없다면서 입을 다무는 아동도 있다. 나는 당황해서 화재를 돌려 놀이를 하자고 달래본다. 다행히도 흥미를 보이지만, 상담 기간 동안 나의 표정을 살피며 불안해하는 모습이 보인다. 그리고 아이를 버릇없이 키운 부모의 탓이라고 생각한다.

'왜 아이를 저렇게 제멋대로 키웠지?'

그 말은 우리 엄마가 하던 말이다.

"애들은 너무 풀어 주면 안 돼. 혼도 내고 그래야지. 버릇없어져. 요즘 애들 그거 다 부모 잘못이야."

나는 그런 말을 한 적도 없고, 그렇게 생각한 적도 없다. 그런데 내게 각인되어 마치 나의 신념처럼 되어 있다. 지금 나의 생각은 '버릇없이 키운 것이 부모의 잘못이라면, 순종적인 아이로 자라게 한 건 부모의 성과라는 것인가?' 말도 안 되는 소리다. 오히려, 순종적인 아이들의 억눌린 감정이 더 큰 문제라는 것을 알고 있다.

3장 누군가를 돌보는 것처럼   147

고등학교 여학생을 상담할 때이다. 자기애성 성격 특성이 보이는 은주(가명)라는 청소년이다. 은주는 수시로 나에게 죽고 싶다는 문자, 전화를 한다. 나는 새벽에도 전화를 받아주고 문자에 답장을 한다. 무슨 일이 생기지는 않을까 걱정하며 잠도 설쳤다. 그것이 은주의 가스라이팅이라는 것을 알아차리는 데는 오래 걸리지는 않았다. 너무 쉽게 은주에게 휘말려버린 나는 엄마에게 순종하고 있는 모습과 일치한다. 요구를 들어주지 않으면 공포스러운 일이 생길 것 같다는 두려움 때문에, 은주의 생각대로 내가 조종당하고 있던 것이다. 경계를 세워주지 않아서 생긴 일이라는 것을 알아차렸다. 무엇은 해도 되고 무엇은 하면 안 되는지를 알려주고 늦은 시간 연락할 수 있는 곳을 찾아 주었다. 그 후로는 나와의 경계를 허물지 않는다.

나는 상담사로서의 건강한 정신을 유지하고 나의 충동을 해결하기 위해 상담을 받기로 한다. 상담은 나를 과거로 보냈다. 힘든 얘기들을 꺼내야 한다. 내 입으로 가족들의 치부를 말하는 것이 스트레스를 만든다. 죄책감과 분노가 양립한다. 상담을 받으면 받을수록 잊고 있던 증오심이 증폭된다. 상담사는 내게 가족들의 삶을 이해하고 있는 모습 그대로를 수용하라고 한다. 그런데 내 머릿속에서는 '엄마 삶이 힘들었겠구나. 날 힘들게 한 엄마를 절대로 용서 못 해!'라는 두 가지의 양가감정이 나를 미치게 만든다. 상담받는 동안 주르륵 눈물이 떨어진다. '나는 한 번도 이해받은 적이 없는데, 왜 이해를 해줘야 하나!' 상담이 끝나면 돌아가는 차

안에서 분노를 토한다. 핸들을 두드리고 발길질을 하고, 허공을 향해 짐승처럼 소리를 지른다. 눈물 콧물을 흘리며 발광하듯 내지른다. 그리고 차라는 공간에서 벗어나면, 아무 일도 없었던 것처럼 현실로 돌아온다. 가족들과 나의 생활은 변함이 없다. 과거와 현실을 오가며, 이중생활을 하는 나는 미쳐버릴 것만 같다. 혼자 견뎌내느라 편두통에 시달리며 진통제를 달고 산다. 직업이 심리상담사인 나의 문제가 가볍지 않다는 걸 알게 됐다. 그동안 충분했다고 생각했다. 이 정도면 심리상담사로써 문제가 없을 것이라고 자신했다. 왜 내 문제를 알아차리지 못했을까? 그동안 힘들고 괴로운 시간이 많았음에도 말이다. 이제라도 늦지 않았기를 바라며 노력하기로 마음먹는다. 가장 도움이 된 것은 300시간 동안 진행된 전문상담사 수련 과정이다. 스물한 명으로 구성된 그룹 과정과 열 번의 개인 상담을 진행한다. 그룹 과정에서는 집단 원들의 공감과 지지를 받으며 나의 고통을 마주한다. 나 또한 누군가의 고통을 마주할 수 있도록 아낌없이 지지해준다. 그곳은 안전한 공간이기에 가능하다. 나도 누군가에게 안전감을 줄 수 있다는 것을 경험한다. 사람을 신뢰하지 못하는 나에게 꼭 필요했던 중요한 과정이다. 그곳에서 누군가를 오랫동안 눈 맞춤하고, 따뜻하게 안아주고, 위로의 말을 건네고, 격려와 지지를 나누는 경험은 나의 삶을 바꿔 놓는다. 지금도 그때를 가끔씩 떠올리면 온 세상이 찬란하게 밝아진다. 몸은 가벼워지고, 자유롭게 날고 있다. 그토록 내가 염원했던 페가수스가 된다. 날개의 깃털과 갈기를 휘날리며 은빛으로 눈부시게 빛나고 있다.

올림픽 꿈나무

송기홍

태권도 체육관에서 태권도를 지도하던 때가 있었다. 86' 아시안 게임과 88' 올림픽에서 태권도가 정식 종목으로 채택되면서 태권도를 배우려는 학생들이 갑자기 많아졌고, 관장의 추천으로 아이들에게 태권도를 지도하게 되었다. 올림픽 꿈나무를 키워낸다는 마음으로 열심히 지도했고, 새로 문을 연 체육관에도 수개월 만에 수련생들이 50명 정도 등록했다. 갑자기 늘어난 수련생을 지도하느라 식사도 제때 하지 못했다. 아침 겸 점심을 먹고 11시쯤 체육관에 나와 문을 열고 청소를 한 뒤, 초등학교 저학년부터 운동을 지도하고 온종일 모래놀이치료관에서 지내며, 식사도 거른 채 고등학생까지 지도하고 집에 돌아가면 밤 10시나 되어야 저녁을 먹을 수 있었다.

1982년도 태권도를 지도하던 그해 9월에 뇌수막염으로 병원에 입원하게 되었고, 그것이 내 인생의 전환점이 되었다. 그해는 뇌염과 뇌수막염이 많이 발병하던 시기였다. 내가 살던 작은 시골에도 면 단위에서 여러 명의 환자가 발생했다. 뇌염을 앓던 초등학생한 명은 사망하고, 또 다른 중학생은 후유증으로 보행이 불편한 장애인이 되었다. 스무 살이던 나도 그 해에 뇌수막염으로 병원에 입원하게 되었다.

처음엔 감기 증상 같았다. 머리가 아프고 열이 많이 났다. 밥맛도 없었다. 몸살감기라고 생각하고 약을 먹고 자고 일어났는데 열이 내리지 않고 더 심해졌다. 음식을 먹을 수 없었고 속에 있는 것을 모두 토해냈다. 부모님은 택시를 불러 병원에 데리고 갔다. 집에서 가까운 개인 병원에 갔다가 큰 병원으로 가는데, 택시로 1시간 정도 걸리는 거리가 며칠은 걸린 것처럼, 멀게만 느껴졌다. 병원에 도착했을 때 체온이 40도 가까이 된다며 체온을 떨어뜨리기 위해 의료진이 분주히 움직였다. 병상에 눕게 하더니 손발을 묶고 속옷만 입힌 채 의료진 여럿이 얼음 마사지를 했다. 시간이 얼마나 지났는지 얼음 마사지에 온몸이 떨렸다. 체온이 내려가자 척수 검사를 해야 한다면 옆으로 눕도록 했다. 무릎을 가슴 쪽으로 최대한 당겨 웅크린 채로 있으라 하더니 "뒤에서 천둥소리가 나더라도 절대로 움직이면 안 됩니다."라고 했다. 잔뜩 긴장하고 무릎을 가슴까지 끌어올렸다. 얼굴을 무릎 가까이하고 두 팔로 다리를 감싸고 힘껏 끌어당긴 채 웅크려있는데, 등 뒤에서 정말 천둥소리 같은 것이 들렸다. 그리고 그 후의 일은 정신을 잃고 실신해서 아무것도 기억나지 않았다. 나중에 들은 얘기지만 그 후 중환자실에 4일간 입원해 있다가 일반실로 옮겼다고 한다. 일반실로 옮긴 후 며칠이 지나서야 의식이 돌아왔고, 그 후 회복되어 한 달 정도의 입원 기간을 거쳐 퇴원했다.

체온이 정상이 되고 건강이 회복되어 퇴원했다. 담당 의사는 "최소 일 년 정도는 땀 흘릴 만큼의 운동은 하지 마세요"라고 말했다. 건강이 회복되어 퇴원했지만 "땀 흘릴 만큼의 운동은 하지 말라"는 의사의 처방 때문에, 태권도 지도하는 일은 그만두었다. 그리고 운동을 더 이상 할 수 없는 것이 아쉬웠다. 모래놀이치료관에서 운동을 배우던 수련생들에게도 미안한 마음이 들었다.

그 후 상담을 공부하고 심리상담사가 되었을 때, 운동 특기생을 상담한 적이 있다. 운동에 소질이 있는 학생들을 선발하여 운동선수로 양성하는 체육 중학교 3학년 학생인 현민(가명, 남, 16세)이를 상담하게 된 것이다. 다른 아이보다 기량이 뛰어나 학교 대표로 해외 전지훈련까지 다녀올 만큼 장래가 기대되는 올림픽 꿈나무였다. 그런데 주말에 집에 와서 학교로 돌아가지 않으려 한다고 부모님이 신청한 상담이었다. 상담이 의뢰되어 만나보니, 현민이는 운동을 그만두고 싶어 했다. 운동이 너무 힘들다는 것이다. 현민이를 처음 만나려고 그의 집에 방문했을 때, 그의 집은 부모님과 동생과 함께 사는 4인 가족이었는데, 15평짜리 빌라에 살고 있었다. 그리고 현민이 여친까지 와 있었고, 동료 상담사와 함께 방문하다 보니 일곱 명이 한 공간에 있게 되었다. 상담하기엔 상황이 좋지 않았다. 엉거주춤 선 채로 상담을 안내하고 긴 얘기는 나누지 못했다. 그리고 현민이와 다음 만남을 기약하고 헤어졌다. 일주일이 지나고 두 번째 방문했을 때, 집에는 현민이 혼자 있었다. 현민이는 운동을 그만두고 싶다고 말했다. "선생님! 저 운동 그만

하고 싶어요. 학교에서는 메달을 따야 한다고, 더 강하게 훈련을 시키는데, 더 이상 못하겠어요. 부모님도 날 이해하지 못해요."라고 말했다. 3회기 때 부모님을 만나보니 부모님은 "운동에 재능이 있어 학교 대표로 해외 연수까지 다녀온 아들의 실력이 아까워 운동을 계속했으면 좋겠다."라고 했다. 현민이와 부모님의 생각은 완전히 달랐다. 그날 오후에 현민이 엄마와 함께 운동 시간에 맞추어 학교에 찾아갔다. 운동하기 싫어하며 등교를 거부하는 현민이를 정리하자는 감독과 그래도 재능이 있으니 한 번 더 기회를 주자는 코치의 주장이 팽팽히 맞서 있었다. 현민이 엄마의 부탁으로 한 번 더 기회를 주자는 쪽으로 결론이 내려졌다. 학교에서 결정된 사항을 현민이에게 전하며 겨우 달래서 현민이를 학교로 데리고 갔다. 그러나 현민이는 며칠을 견디지 못하고 끝내 학교를 그만두고 말았다. 운동에 대한 재능을 인정받은 현민이가 운동을 그만두는 것이, 과거에 태권도 체육관에서 운동을 지도했던 상담자에게도 아쉬움으로 남았다. 그러나 현민이는 자기 길을 가고 싶어 했다.

현민이가 힘들어하며 운동을 포기할 때 그 종목의 학생 중 운동을 그만두고 싶어 하는 학생들이 유독 많았다. 종수와 성찬이도 운동을 그만두고 싶어 했고, 각각 다른 상담자에게 상담이 배정되었다. 그들은 학교 프로그램이 너무 벅차다고 한목소리로 말했다. "새벽 여섯 시에 일어나 저녁 아홉 시까지 이어지는 학업과 훈련 프로그램이 너무 힘들어요. 그리고 기숙사 생활하며 한 달에 두 번만 집에 보내주는 것도 못 견디겠어요."라고 말했다. 그들은 결국 운동을 포기하고 다른 길을 가기로 했다. 상담을 통해 운동을 계속할 수 있도록 돕지는 못했지만 그들의 진로를 같이 고민해야 했다. 아직 중학생인 현민이가 운동을 그만두더라도 다른 학교로 전학하고 적응할 수 있도록 안내했다. 그리고 다른 학교로 전학하여 중학교를 졸업하고 고등학교에 진학했다는 소식을 들었다. 올림픽 메달을 준비하던 내담자가 운동은 포기했지만, 다른 현장에서 열심히 살고 있을 것이다.

최고의 재생 연고

이선희

"흉터 없이 잘 낫는 연고 하나 주세요."

누구나 생각하고 싶지 않은 아픔이 있다. 그리고 이렇게 말한다. "내가 살아온 날을 말하려면 몇 달도 부족해. 책을 쓰면 몇백 권은 될걸."

그렇다. 깊이와 강도는 다르지만 자기의 아픔이 가장 크다고 말한다. 당신은 나에 비하면 아무것도 아니라고. 고작 그것으로 힘드냐고 한다. 나도 내 삶의 힘겨움이 가장 크다고 생각했다. 고통의 무게로 버거워하는 자들을 만나면서 과거에 얽매인 나를 만났다. 촘촘히 짜 놓은 강박과 모순으로 울고 있는 짠한 나를 만났다. 상담 공부와 내담자를 만나며 내면 여행을 했다. 길을 한 번에 척척 찾아가는 능숙함은 없었지만 조금씩 알아차리고 깨달아가는 나를 볼 때 대견했다. 고마웠다.

P는 항상 말한다.

"나는 잘하는 것이 하나도 없어요. 다른 사람이 이것도 못 하냐 혼내고 소리 질러도 내가 못 하니까 당연해요. 학교 다닐 때도 그랬고, 집에서도 그랬고 어쩌겠어요. 지금도 역시 마찬가지예요."

한숨을 쉬며 나를 빤히 쳐다본다.

"강점을 생각하는 것도 싫어요. 진짜 강점이 없어요. 강점을 말한다는 것은 나의 부정적인 것을 부인하는 것이니까요. 아무리 생각해도 잘하는 것이 없어요."

잘하는 것 없고 쓸모없는 사람이라 말하며 고정적 사고를 벗어나지 못한 P를 만날 때 안타까웠다. 학교폭력 트라우마로 사람을 신뢰하지 못했다. 대인관계 어려움으로 혼자 있는 시간이 많았다. 자신의 상처는 아무도 치유할 수 없다며 소통을 거부했다. 트라우마까지도 자신의 인생이라 말하면서 힘들다고 했다. 천천히, 하나씩, 할 수 있는 것부터 해 보자는 상담사의 말을 수용하지 못했다. 모든 사람은 가치 있고 사랑받는 존재임을 수용하기까지 많은 시간이 필요했다. 상담이 진행되면서 어느 순간 놀라운 변화가 일어났다.

"선생님 다 못하겠지만 조금은 고름을 짜서 상처를 소독할 수 있을 것 같아요."

P의 말을 듣는 순간 눈을 크게 뜨고 입을 벌리며 놀랐다.

"놀라시네요. 하긴 그동안 제가 못한다고 한 것이 너무 많아서 그러실 만도 해요."

손을 잡고 웃으며 말했다.

"고름도 짜고, 소독도 하니 잘 낫는 재생 연고를 찾아봐도 되겠네."

"그런 것도 있어요? 쉽지 않겠지만 해 보죠"

나는 지긋이 웃으며 고개를 끄덕였다. P는 고통스럽게 자신을 괴롭혔던 사건에서 조금씩 벗어나고 있었다.

"아! 그런 일도 있었구나. 힘들겠지만 추억이라 생각될 때가 오면 좋겠어요."

마음을 열기까지 두렵고 용기가 필요했지만, 너무나 고마웠다. 기다리는 시간이 나에게도 고통이었다. 나의 조급함이 아닌 내담자의 시간에 초점을 맞추는 인내가 필요함을 알았다. 그 시간이 얼마가 되든지 간에.

마트에서 S를 만났다. 뛰어와 웃으며 인사를 꾸벅한다.

"모래놀이 선생님, 저 S에요."

잘 계셨냐고 물었다. 선생님께 꼭 자랑하고 싶은 것이라며 말했다.

"저 학교에서 또래 상담해요. 교육도 받았어요. 다 선생님 덕분이에요"

"사실은 선생님 처음 만났을 때 어른들은 다 똑같다고 생각했어요. 그래서 열 번 만날 때까지 일부러 진짜 힘든 이야기 안 하고 선생님 시험도 해 봤어요."

당황스러웠지만 그럴 수도 있었을 것이라는 생각이 들었다. 유난히 까칠하고 툭툭거리던 아동이었지만 상담 약속은 잘 지켰다. 가정의 든든한 지원이 있었기에 50회기 이상 진행할 수 있었다.

아동도 가족도 참으로 아픈 시간이었다. 회복되나 싶으면 원점으로 돌아가며 상승과 하락을 반복했다. 고백 이후 통합을 이루는 과정은 급속도로 진전되었다. 자신의 아픔을 들여다보고 만지면서 신뢰와 안정을 찾았다. 자신이 아픔을 이기고 멘토가 되어 기뻐하던 모습이 아른거린다. 20대 청년으로 성장한 눈이 예쁜 소녀가 궁금하다.

우리는 살면서 음식이나 생활 습관으로 몸속에 독소가 쌓이면 배출하기 위해 다양한 방법을 시도한다. 정보를 수집하고 성공 사례를 참고하여 독소 제거를 위한 돈과 시간에 인색하지 않다. 나는 정서적 독소를 얼마나 제거하고 있는가? 글쎄. 쉽게 대답하지 못하고 머뭇거린다. 내담자에게는 경청, 공감하면서 나의 내면에 귀 기울였는지 생각해 본다. '그랬니? 그랬구나!' 했던 말이 진실이었는지. 나를 잠시 골방에 숨겨 놓고 모른 척하지 않았는지. 정서적 독소가 쌓이면 내면의 균형이 깨진다. 가끔 신체의 연약한 부분에 통증이 오기도 한다. 그래서 결심했다. '그래, 디톡스 하자. 신체적, 정서적으로.'

아침마다 디톡스 주스를 갈아 마신다. 처음에는 귀찮았지만 계속 먹으니 위가 편해진 것 같다. 나의 감정도 알아차리고 다독거리며 기다려주자. 내담자를 기다려주듯.

사람들은 자신에게 불리한 것은 듣고 보지 않으려 한다. 의식적으로 회피하며 불안의 강도를 높인다. 하지만 불안할수록 더 많은 정보를 캐낸다. 자신이 할 수 있는 모든 방법으로 다양한 정보를 찾아 불안을 제거하려 한다. 이때 누군가의 조언과 격려가 도움이 된다. 전문가의 말 한마디가 용기를 줄 수 있다. 갈팡질팡할 때 확신을 주는 짧은 단어가 그 사람을 일으켜 세울 수 있다.

사람은 관심에 따라 시선도 달라진다. 무엇에 초점을 맞추냐에 따라 생각이 바뀌고 행동이 변한다. 마음속에 버려야 할 것을 꼭 꼭 숨겨두고 버리지 못하고 있는가. 마음속에 담아야 할 것을 머뭇거리며 채우지 못하고 있는가. 비우고 채우는 연습이 필요하다. 비움과 채움은 성숙의 명약이 될 수 있다. 쉼 없이 비우고 채우는 '나'는 상담사다.

찻잔에 꽃이 활짝 피었다. 국화꽃에서 우러나온 노란색의 은은한 향기를 마신다. 국화꽃은 재주가 많구나. 아름다움을 보게 하고 따뜻함으로 마음의 안정을 찾게 한다. 국화가 자라 꽃을 피우고 꽃잎이 마름으로 내 찻잔 속에 들어온다. 상담사인 나는 무슨 꽃이 되어 누구에게 가고 있을까? 행여나 내가 알고 있는 것이 최고인 것처럼 교만하지 않은가. 최고의 꽃이 아니어도 좋다. 이름 없는 들꽃도 아름답다. 잡초는 억세고 거칠지만 강한 생명력이 있다. 나는 정이 넘치고 사랑이 가득한 꽃이 되고 싶다. 마음을 굳게 닫은 이들에게, 나는 아무것도 할 수 없다고 좌절하는 이들에게, 절망과 두려움 끝에서 희망을 찾는 이들에게 삶의 의미를 찾아갈 수 있도록 안내자가 되고 싶다. 오늘도 그런 날들을 기대하며 내담자를 만난다.

산 정상에 올라가는 길에는 돌멩이, 나무뿌리, 바위, 가시나무

등 걸림이 많다. '행복'이라는 산을 오를 때 경험하지 못한 새로운 것들이, 엮이고 싶지 않은 정서가 누구에게나 있다. 반응이 중요하다.

'이것쯤이야, 한번 덤벼 봐. 나에게는 이길 힘이 있어.'

'마음 문을 열고 상담실로 들어오는 당신은 참으로 귀한 사람이며 인생의 주인공입니다.'

세상에 완벽한 재생 연고는 없다. 하지만 수많은 내담자를 만나면서 최고의 재생 연고를 찾았다.

그것은 내담자 '자신'이다.

토닥토닥

임성희

완도에서 지적아동 상담 의뢰가 들어왔다. 고민했다. 강진까지 문의가 온 것은 서비스 시설이 부족한 낙후된 시골이었기 때문이다. 상담을 하기 위해 처음 아이의 집을 방문했을 때는 더위가 한창인 8월이었다. 아이의 집에 방문했을 땐 선풍기 한 대에 의존해 더위를 피하고 있었다. 아버지 혼자서 어린 8살 여자아이를 키우며 직장과 부업까지 하시던 분이었다. 장애를 가진 딸에게 학령기에 맞는 사회성을 채워주고 싶었던 아버지가 학교에 의뢰한 것이다. 발달이 늦는 것과 언어 표현이 유창하지 못해 친구들과 어울리지 못할까 봐 걱정되었기 때문이다. 나 또한 고민하지 않았던 것은 아니다. 왕복 두 시간의 운전을 해야 했다. 일회성 치료가 아니기에 한번 시작하면 장기적일 수 있다는 걸 염두에 뒀다. 시간 대비 지원금은 기름값 정도로 터무니없이 적었다. 그때 당시에 나는 돈보다는 마음을 나눠주자는 것과 지속할 수 있는 에너지를 만드는 다짐을 시작했다.

지원이는 스스로 옷 입기, 학교 가기 같은 기본적인 일상에서 의사소통에도 어려움을 겪고 있었다. 상황에 대한 대처 능력이 미흡했고 그것을 말로 표현하는 것은 더욱 어려웠다. 아이가 힘들어한다는 이유로 회피했었던 부분을 즉시 할 수 있었다. 병원에서 받았던 전반적인 발달검사 결과를 토대로 아이에게 필요한 사회화 과정을 배웠다. 자조 행동과 관련된 그림 카드를 이용하여 과정을 이해하고 설명할 수 있도록 개입하며 건강한 자아를 형성할 수 있도록 도움을 주고 싶었다. 문장을 확장해나가는 것을 연습 중 연속적인 실패와 내성적인 성향으로 위축이 되어 있었으며 친밀감을 형성하고 자신감을 길러주는 노력이 필요했다.

물론 힘들지 않았다고 한다면 거짓말이다. 학교에서 방과 후 교실을 공간으로 협의를 해줬지만 수업 시간과 맞물릴 때는 상담 할 공간이 마땅치 않았다. 아이를 데리고 카페에서 시원한 음료를 마시며 공부를 한 적도 있었고 이런 사정을 아시는 특수반 선생님의 도움으로 학원을 운영하시는 분이 선뜻 도움을 주기도 했다. "교실을 써도 될까요?" 나도 모르게 움츠러들었던 경우도 있다. 치료실이 제공되지 않은 상태는 불편함을 겪어야 했다. 한 시간 운전해서 도착했지만 지원이가 결석이었을 때, 시골이라 괜찮겠지 생각하고 갓길에 세워둔 차에 주정차위반의 과태료 딱지가 날아올 땐 어이없는 실소가 터졌다. 그럼에도 견딜 수 있었던 건, 두 팔 벌려 반갑게 안아주는 지원이의 해맑은 얼굴이었다.

단 도보 5분이지만 횡단보도를 건너야 했기에 양육자는 늘 불안함에 방어하고 있었다. 스스로 할 수 있도록 제약을 두지 않고 학교 가는 법, 하원 후 학원 선생님께 전화할 수 있도록 일상생활과 관련된 연습을 더불어 했다. 서툴고 마음에 들지 않더라도 혼자 해 보는 기회를 주고 기다려주어야 잠재되어 있던 능력을 발휘할 수 있기 때문이다. 스스로 타인과의 교류가 어려웠던 아이는 다양한 상황에 대처하는 방법과 말로 표현하는 것을 배웠다. 학교와 도움 반 선생님과의 소통을 원활히 하며 미술이나 음악 등의 예술 활동이나 운동에 관심 있던 아이를 위해 다양한 활동에 참여할 수 있도록 장려해 주셨다. 열 시간을 근무하시던 양육자와는 늘 전화로 부모 상담이 이어졌다. 다행히도 상담에 적극적이었고 함께 지도했기에 성과의 변화를 느낄 수 있었다. 처음과는 다르게 못 할 때 실수해도 괜찮고 잘하지 못해도 두려움을 이길 수 있는 아이로 성장했다. 중학교에 올라갈 때쯤 양육자는 아이를 광주에 있는 특수학교로 보내기 위해 이사를 했다. 그렇게 3년간의 상담이 그렇게 종결되었다.

지원이가 많이 좋아졌다는 말씀과 함께 감사하다는 말을 들을 들었을 때 가슴 벅차올랐다. 목표를 이룬 감정이 이런 것일까? 기분이 좋다는 말로는 설명할 수 없었다. 내가 가진 좋은 에너지를 오롯이 전달해준 것이 결과를 만들어낼 수 있다는 기쁨을 느꼈다. 가장 뿌듯했을 때가 언제인가라고 꼽으라면 떠오르는 일이다.
어떤 이들은 왜 그렇게까지 고생을 하니? 조금 더 편하게 일을 하라며 말리기도 했다. 일의 강도가 내겐 중요하진 않았다. 단지 일이 즐겁고 재밌었을 뿐이다. 일의 의미와 가치는 누군가가 정해 주는 것이 아닌 스스로 부여할 수 있는 부분들이 많다는 것을 알게 되었다. 처음에는 일을 통해 선하고 긍정적인 영향력을 끼치려고 했지만 오히려 일을 통해 내게 중요한 의미와 내면에 귀 기울일 수 있었다. 힘에 부치고 시간에 치이는 것은 자연스러운 것이다. 상담 공부 과정에 이런 힘들었던 시간이 영원하지 않을 것이다. 힘들고 졸리고 치열하게 했던 것들이 지금에서야 생각해 보니 제일 재밌고 생각나는 일부분이 되었다.

그때는 미처 하지 못했던 말, 그때는 고생했어, 부족하다고 생각했지만 멋지게 최선을 다했어!

알을 깨고 날아 봐

— 정명자

    진도와 보배, 집에서 키우는 두 마리 진돗개의 이름이다. 암컷 보배는 순하고 감성이 풍부해 주인의 말을 잘 알아듣고, 순종적이라 늘 사랑을 받는다. 그런데 진도는 피나는 경쟁심으로 사냥개 특유의 서열 싸움에서 보배를 어릴 적부터 제압한 수컷이다. 진도 역시 나름 애정 표현을 많이 한다. 외출하고 돌아오면 과도하게 끙끙거리며 나무토막을 입에 물고 반가운 기색을 적극 표현하는 사랑스러운 녀석이다. 그럼에도 자신의 신체를 만지는 것을 극도로 싫어해서 수면제까지 먹여서 목줄을 매보려 시도했지만, 결과는 모두 실패. 지금도 마당을 제집 삼아 천둥벌거숭이로 자유롭게 살아간다. 진도가 그렇게 주인에게까지 신체적 경계심이 많은 분리 불안 증세를 보이는 데는 이유가 있다. 진도가 태어난 지 3개월쯤 되었을 때, 강아지 우유를 주려고 뚜껑을 열다가 쪼르륵 굴러간 플라스틱 뚜껑을 날름 삼킨 것이다. 가장자리가 톱니처럼 뾰족한 플라스틱 뚜껑에 장이 상처가 나게 되면, 만성장염이 생길 수 있다. 그래서 급하게 병원을 찾아가 내시경으로 꺼낸 일이 문제였다.

주인이 들어갈 수 없는 동물병원 수술실에서 진도는 입과 발을 제압당했다. 마취시키는 과정에서, 어린 진도의 몸부림치는 울음소리는 너무나 처절하고 공포 그 자체였다. 들어가서 중지시키고 싶을 만큼 밖에서 기다리는 나도 힘들었다. 내시경으로 꺼낸 뚜껑을 보여주는 수의사에게, 고마움 반, 마구잡이로 진도를 제압한 원망 반의 여러 감정을 느꼈다. 진도의 트라우마는 그 때문이다.

상담을 하다 보면 깊은 두려움에서 나오지 못하고 스스로 만든 견고한 알 속에 갇혀버린 내담자를 만나게 된다. 그들은 물리적인 폭력과 비난이나 비하를 받은 상처를 끌어안고, 왜곡된 세상을 만들며 힘들게 살아간다. 오직 그 시간에 머물러버린 내담자의 시계는 멈춰져 있다. 여러 내담자의 공통적인 특징은 부모로부터 돌봄이 부족했고, 가장 지지받고 사랑받아야 할 부모가 두려운 공포의 대상이다. '자녀 문제는 부모 문제다'는 말이, 상담 현장에서는 흔한 일이다. 부부의 사랑으로 출생한 자녀가 양육되는 가정이, 서로에게 상처를 주는 불행한 현실이 한 사람의 인생을 무너뜨리는 원인이 된다. 부모도 자신의 부모로부터 사랑이 부족했거나 미해결된 문제를 안고 살아갈 수 있다. 자녀에게 문제가 생길 때, 당황스럽지만 정신 차려 자식의 문제가 곧 부모의 성장을 위한 과정임을 알아차리는 것이 시작이다. 자녀가 성장해 가면서 부모도 그 경험치만큼의 성장을 한다.

순결한 마리아를 떠올리게 하는 소녀는, 무기력과 폭력성으로 정신과 약을 복용 중인 중학교 3학년으로, 고등학교 배정을 앞둔 시기에 나와 상담을 시작했다. 하얀 얼굴에 말수가 없었지만, 폭력과 폭언으로 가족들을 힘들게 하거나, 매일 울면서 무기력한 일상으로 지쳐 있었다. 상담을 해 보니 친한 친구와 소통도 하고 나름 대학에서 약학과에 진학해서 안정된 직업을 갖고픈 평범한 학생이기도 했다. 초등학교 때까지 소녀는, 공부나 예능 방면 그리고 스포츠까지 친구들과 그들의 부모들에게 부러움을 사는 우수한 학생이었다. 문제는 중학교에 들어가면서 성적도 부진해지고 교우관계나 가족들과의 갈등으로 양극성 조울증세로 병원 치료를 시작한 터였다. 약학과는 너무나 먼 소녀만의 이상이란 걸 소녀의 어머니에게 성적 순위를 듣고서야 심각성을 인지했다. 물론 열심히 노력해서 고등학교 성적이 오르면 가능한 일이다. 하지만 학업성적을 위해 전혀 노력도 하지 않는 것이 문제였다. 현실을 자각하고 소녀에게 맞는 공예 분야를 권한 부모에게, 자신을 믿지 못하고 무시한다며 길길이 날뛰었단다. 소녀와 어머니의 상담 내용이 너무나 달랐던 이유를 알아가면서, 심각한 나르시시즘에 빠진 소녀의 상담 목표는 현실을 인정하는 것부터였다. 세 번째 상담 때, 입속에 가득 찬 털을 아무리 뱉어 내려 해도 입에서 털이 떨어지지 않아서 울면서 잠을 깼다는 꿈 이야기를 했다. 남의 시선이 강하게 의식될 때나, 완벽하지 않은 모습을 보이는 자신이 수치스러울 때, 견딜 수 없는 격한 감정은, 자신을 부정하고 벗어나려는 꿈과 다르지 않아 보였다. 누구에게나 인정받고 부러움의 대상이었던 소녀는, 평범한 아이가 되어 가는 현실을 인정하지 못했다. 그래서 여느 사춘기보다 크게 증폭된 성장통을 앓고 있었다. 예민한 완벽주의로 작은 자극에도 폭력과 폭언으로 주변과 자신의 일상을 무너뜨렸다.

취학기 이전부터 맞벌이를 했던 부모 밑에서, 인정 욕구가 지나치게 강한 소녀는 돌봄에 취약했다. 그럼에도 부모에게 칭찬받는 딸이 되고픈 열망이 컸다. 심청이처럼 자신을 희생 제물로 바치고픈 부모를 향한 자녀의 눈먼 사랑이다. 경험이 부족한 젊은 부모가 알아차리기 쉽지 않다. 그러다 지친 소녀는, 익숙한 칭찬과 위로마저, 무시당한다는 왜곡으로 헝클어진 실타래가 돼버렸다. 인정받고 칭찬받기 위해 초등학생 소녀는, 부모를 위해 스스로에게 완벽을 강요한 것은 아니었을까? 그 힘겨움을 견디지 못한 중학생 소녀는 지하실에 감금된 들개처럼 이빨을 드러낸 것이다. 현명한 부모라면 칭찬을 독으로 사용해서는 안 된다. 자식을 사랑하지 않는 부모가 어디 있으랴만, 적절치 못한 보상이나 칭찬도 좋지 않지만, 절실히 필요할 때 부재한 부모는, 아이에게 그 자체만으로도 상처가 되기도 한다. 다행히 부모들은 상담을 적극적으로 지지하고 부모 상담도 참여했다. 소녀가 좋아하고 잘하는 쪽으로 적성과 성적에 맞춰 진로 방향을 함께 고민했다. 딸의 선택을 존중하고 힘들게 자신을 직면하려고 애쓰는 딸을, 부모는 기다리고 도와주면서 소녀는 안정을 찾아갔다. 극단적인 면을 자기중심적으로 해결하려는 파괴적인 행동은, 지속적 관리가 필요하다. 누구에게나 그러하듯이 소녀와 부모의 몫은 여전히 삶의 과정 중에 있기 마련이다. 딸의 아픔을 경험하며 부모는 예전과는 다르게 딸을 돌보고 사랑할 것이다. 어떤 딸이냐보다는 딸이 있다는 것이 부모에게는 더 큰 의미다. 인내와 사랑으로 소녀의 부모는 좋은 결과를 향해 가고 있다

저마다 삶은 자신을 향해 가는 길이라고 한다. 알을 깨고 비상하는 아브락사스라는 새는, 닭의 머리와 사람의 몸, 그리고 뱀의 다리를 갖고 있다. 선과 악을 내포하고 다양성을 상징하는 인간의 또 다른 원형이다. 의식 이면에 자리한 무의식을 직면하는 일은, 알을 깨고 나오는 고통이 따르고 용기가 필요하다. 작지만 멀리 나는 도요새도, 육중한 몸으로 창공을 나는 새들의 왕 독수리도, 알을 깨고 나왔기에 그들 몫의 자유로움을 누린다. 의식보다 무한한 가능성과 잠재력을 품은 인간의 무의식이야말로, 대자유로 이끄는 문이다. 무의식은 두드리는 만큼 반드시 문을 열어준다. 진도가 바람처럼 사람들 없는 산을 누빌 때면 걸림 없이 자유롭다. 목덜미를 쓰다듬는 주인의 손길에 조금씩 몸을 맡긴다. 진도와 보배를 돌보고 그들이 주는 기쁨을 사랑으로 되돌려 준다. 언젠가는 진도가 편안하게 목줄을 하고, 동네 산책을 가는 날이 빨리 왔으면 좋겠다. 부모를 위해 자신을 지나치게 힘들게 했던 작고 어린 소녀는, 자신에게 맞는 옷을 입어야 예쁘고 편하다는 것을 알아갈 것이다. 다른 사람을 위해 사는 것보다 자신을 잘 알고 할 수 있는 한계 안에서 노력하는 사람이 행복한 사람이다. 소녀야, 알을 깨고 세상을 향해 힘껏 날아봐. 새로운 세상이 기다린단다.

두 세계의 아이, 그리고 나의 성장

조미주

현재 치료센터를 운영하는 센터장으로 동신대학교 상담심리학
석사과정과 동신대학교 교육학 박사 과정을 공부했다. 공부하다
보니 이론과 현장 경험 관계가 중요하다는 것을 알게 되었다. 상
담 일을 하면서 여러 다양한 사례를 접했지만, 그중에서도 초등학
교 1학년 J와 어머니를 상담했던 경험은 내게 깊은 인상을 남겼
다. 이 경험은 나를 상담사로 한 발 더 성장하게 만드는 계기가 되
었다.

J를 처음 만났을 때, 검은색 원피스에 레이스가 달린 양말을 신
고 있었는데, 묘한 분위기를 풍기는 아이였다. J는 누군가 억지로
자른 듯한 짧은 더벅머리를 하고 있었다. 그리고 무표정한 얼굴에
조용한 목소리를 가진 아이였다. J는 마치 다른 세상에 발을 들여
놓은 것 같은 느낌을 주었다. J는 학교에서 친구들과 어울리지 못
했다. 교사들 역시 J의 이상한 행동, 아무도 없는 교실에 누군가
있다고 말을 하는 행동을 주의 깊게 살펴보았다. 특히, J는 상담

중에 책상 의자 밑에 누군가 자신을 쳐다보고 있다고 말했다. 나는 순간 당황하며 소름이 돋아 팔에 있는 털이 곤두서고 닭살이 돋았다.

J의 엄마를 처음 만났을 때, 그 모습이 아직도 선명하다. 엄마는 누군가 억지로 머리카락을 자른 듯한 삐죽삐죽한 머리 스타일이었는데, 엄마에게 물어보니 미용실에서 자른 것이 아니라, 본인이 직접 가위로 잘라낸 것이었다. 그 모습에서 엄마가 정신적으로 불안정하고 현실적이지 않고 자신만의 세계에 갇혀 있을 거 같다는 직감이 들었다. 실제로 J의 집에 방문했을 때 J의 외할아버지와 외할머니랑 이야기를 나눌 수 있었다. J의 엄마가 어렸을 때부터 정신적인 문제가 있음을 알게 되었다. 엄마는 조현병을 앓고 있었고, 그녀의 삶은 정신적 어려움으로 몇 년 동안 정신병원에 다니고 입원과 퇴원을 반복적으로 하고 있었다. J의 아버지도 같은 정신병원에서 알게 되어 만났다고 한다. J의 아버지 또한 심각한 조현병 환자였다는 사실을 알게 되었다, J가 처한 상황이 안타까웠다.

조현병은 현실 감각과 사고 과정에 이상이 생기는 정신질환이다. 환각, 망상, 혼란된 사고 등이 특징이다. 환각은 존재하지 않는 소리나 형상을 감지하는 것이며, 망상은 현실과 동떨어진 잘못된 믿음을 가지는 것을 의미한다. 또한, 생각이 일관되지 않거나 말이 이해하기 어렵게 되는 혼란된 사고가 나타날 수 있다. 이 외에도 감정 표현의 둔화, 사회적 고립, 동기 저하 등의 음성 증상도 흔히 나타난다. 증상은 개인마다 다르게 나타날 수 있다. 이 질환은 뇌의 화학적 불균형과 유전적 요인, 환경적 스트레스 등이 복합적으로 작용하여 발생한다. 치료는 주로 항정신병 약물과 정신 사회적 치료를 통해 이루어지며, 조기에 진단하고 꾸준히 관리하는 것이 중요하다.

J는 엄마와 많은 시간을 보내며 현실과 환상의 두 세계에서 혼란을 겪고 있었다. J는 두 개의 상반된 현실로 나뉘어 있었다. 초등학교에서의 현실과 집에서 조현병을 앓고 있는 엄마와의 현실 세계이다. 그 속에서 자신의 정체성을 찾는 일이 무척 힘들었을 거다. 상담 초반 5회기 정도까지는 J는 엄마가 말한 비현실적인 이야기들을 진실이라 믿고 있었다. 엄마는 환청을 듣고 그것이 실제로 들리는 것처럼 이야기하고 보이지 않는 것을 보인다고 이야기하며 보이지 않는 사람과 이야기를 나누었다. 아빠의 존재도 7명 정도의 인격체를 가지고 있다고 이야기했다. 아빠는 의사라고 이야기했다가 어떤 날에는 건물을 짓는 건축가라고 했고 어떤 날에는 목사라고 이야기했다. 엄마와 집에서 상담했을 때 엄마는 나에게 얼굴이 이상하게 보인다고 하였다. 어떻게 보이냐고 물어보니 눈이 입에 달렸고 코는 머리에 있고 귀는 눈에 있는 것처럼 보인다고 이야기했다. 그러고는 J의 아빠가 자신을 너무 힘들게 한다고 이야기하며 지금 배 속에 임신해있다고 했다. 그러나 할아버지랑 이야기하였을 때 엄마는 임신하지 않았었다. J와 심리상담을

진행하면서 6회기 때부터 J는 서서히 엄마의 병을 이해하게 되었고, 엄마로부터 자신을 분리하기 시작했다. 상담을 통해 J는 자신의 감정과 생각을 표현하는 법을 배우며 점점 더 자신감 있는 모습으로 의견이나 생각을 표현하기 시작했다. J는 엄마가 조현병을 앓고 있다고 정확히 이야기하였고 환청과 망상이 있다고 이야기하였다. 그리고 엄마와의 관계에서 현실과 환상의 구분을 할 수 있게 되었다. 이는 그 아이에게 있어 큰 변화였다. 만약 지역사회가 이 아이에게 관심을 기울이지 않고, 조현병이 있는 엄마 밑에서만 성장하게 놔두었다면, J는 지금처럼 자기 생각을 말하는 아이로 성장하기 어려웠을 것이다. 이 사례를 통해 나는 심리상담사로서의 보람을 깊이 느꼈다. 엄마라는 존재가 아이에게 미치는 영향이 얼마나 큰지를 다시금 깨닫게 되었고, 나 또한 우리 아이에게 어떤 엄마인지, 어떤 영향을 미치고 있는지를 생각해 보게 되는 계기가 되었다.

센터를 처음 운영할 때, 나는 정말 정신없이 바빴다. 이전에 치료사로서, 그리고 월급제 센터장으로 일했던 경험이 있었지만, 내 이름을 걸고 센터를 운영하는 것은 전혀 다른 차원의 일이었다. 잘하고 싶었고, 성공해야 한다는 압박감에 한 사람 한 사람의 상담에 집중하며 센터 운영에 몰두했다. 아이들은 점점 늘어나 한 달에 120명이 넘는 아이들이 센터를 찾았고, 나는 서류 업무와 상담심리학 석사 교육학 박사 과정 공부까지 병행해야 했다. 이 과정에서 나는 아들을 돌볼 시간이 점점 줄어들었다.

5살밖에 안 된 아들은 내가 대학원에 가려 할 때마다 울었다. 나의 손을 잡고 온 힘을 다해 내 몸에 매달리며 떨어지지 않으려 했던 그 순간들, 늦지 않게 대학원에 가야 하는 나는 너무도 서둘러야 했기에 친정엄마에게 아들을 맡기고, 몸을 돌려 달려 나가야 했다. 전화기를 붙잡고 부모 상담을 할 때마다 아이는 보채기 시작했고, 그럴 때마다 아들을 달래기보다는 전화기 너머의 상담에 집중했다. 아이에게는 엄마의 사랑이 가장 필요한 시기였는데, 그 필요를 채워주지 못한 채, 센터를 운영하는 센터장 역할에만 충실했다. 일하는 엄마로서, 아들에게 깊은 사랑과 미안함을 동시에 느낀다. 내가 일을 통해 성장하고 발전하고 싶은 마음은 강하지만, 그 과정에서 아들에게 충분한 시간을 주지 못한 것이 늘 가슴 아프다. 센터 일과 학업의 압박 속에서 아들의 요구를 온전히 채워주지 못했던 순간들이 떠오른다. 아들이 나에게 기대고 싶은 마음을 이해하면서도, 어쩔 수 없이 등을 돌려야 했던 때가 많았다. 아들에게 더 나은 미래를 위해 내가 하는 모든 노력이 결국 아들의 삶에 긍정적인 영향을 줄 수 있다고 믿었다.

상담을 통해 많은 부모를 만난다. 다들 자신의 아이를 소중히 여기고 사랑한다. 그러나 각자의 이유로 아이에게 충분한 사랑을 표현하지 못할 때도 있고 잘못된 육아로 상처를 주기도 한다. 그 과정에서 아이들이 느끼는 감정과 관심의 부족은 아이들의 성장에 영향을 미친다. J의 사례를 통해, 그리고 나 자신의 경험을 통해, 나는 상담사로서뿐만 아니라 엄마로서도 성장해야 할 과제를 다시 한번 되새기게 되었다. 엄마라는 존재가 아이들에게 중요한 존재이며 부모로서 완벽할 수 없지만, 아이들이 필요로 할 때 시간을 내어주고, 아이의 감정을 이해하며 함께하는 노력이 무엇보다 중요하다는 점을 알게 되었다. 나는 심리상담사로서 부모들에게 공감과 현실적인 조언을 제공하면서, 아이들에게 더 많은 관심과 사랑을 기울일 수 있도록 독려하는 데 도움이 되고 싶다.

4장

마음 돌봄을 시작하다

현재에 머물기, 나를 돌보는 여정

강명경

난 드라이브를 좋아한다. 그래서 기분에 따라 선곡하는 장르가 달라진다. 한참을 달리다가 문득 떠올려보면 1시간 내내 무슨 노래가 재생되고 있었는지 기억이 안 날 때가 많다. 놀라웠다. 매 순간 빠르게 지나가는 날들 속에서 시간이 날아가는 느낌이다. 잡생각이 많거나 고민거리가 있거나 잠들기 전까지 머리를 쓴 날에는 잠들기 어렵다. 나도 모르게 조급해진다. 해야 할 건 많은데, 머릿속이 복잡하고 분산된 느낌으로 집중이 안 된다. 그래서 하루, 한 달, 반년이 금방 지나가나 싶기도 하다. 열심히 시간을 꽉 채워 써도 시간이 부족하다. 별로 한 게 없는 것 같은데 하루가 가버릴 때가 많다. 흘러가는 날들을 잡을 수 없어 아쉽고, 즐기지 못하고 사는 것 같아 안타깝다. 나를 있는 힘껏 한계에 닿을 때까지 밀어붙이는 행동은 습관처럼 반복된다. 에너지가 다 고갈되어 갈 때가 돼서야 힘들다고 느끼지만, 한편으로는 뿌듯함도 느낀다. 그러나 내게 주어진 시간과 에너지는 유한하다. 눈앞의 것을 해내기 위해 나를 몰아세우던 노력의 결과는 성공보다 실패가 많다. 균형을 잃어가고 있다. 무턱대고 앞만 보고 밀어붙일 때 성과보다는 실패가 따른다. 이제는 고리를 끊어내고 싶다. 내가 보내는 시간들 속에서 순간을 자각하도록, 집중할 필요가 있다. "괜찮아, 내가 할 수 있는 만큼, 하나씩 내 속도에 맞춰가자."

내 몸을 혹사시키는 것 대신 나를 돌아보기로 한다. 조금 덜 완성되어도, 잘하지 않아도 괜찮다. 계속 부족한 느낌이 들어 더 해야 할 것 같은 마음에서 해방된 느낌이다. 내가 바라던 꿈의 삶을 내려놓기로 한다. 완벽한 건 없다. 사람의 욕심은 끝이 없다. 지금의 상황에서 즐거움을 찾아보고, 좋아하는 것에 머물러 보기로 한다. 현재에 머무르는 상태를 만들기 위해 작고 사소한 일상, 평범한 것부터 해본다. 지금 이 순간을 자각하는 연습을 시작한다.

'오늘의 하늘 찍기'라는 새로운 취미는 나에게 하늘을 잠시 바라보는 여유를 선물해준다. 운전 중이거나 길을 걷다가도 잠시 멈추고 하늘을 본다. 하늘의 색은 진한 주황빛으로 물들 때도 있고, 핑크와 주황색이 오묘하게 섞인 아름다운 색도 보인다. 맑고 청명한 파스텔 톤의 하늘색, 구름 한 점 없이 깨끗한 파란색, 구름이 많은 잿빛 하늘 등 다양하다. 그 색들은 내게 응원과 위로가 되어주며, 늘 곁에 있는 친구가 된다. 드넓은 하늘은 맑고 하얀 구름이 강아지, 하트, 고양이 등 다양한 모양으로 상상하게 한다. 바람에 따라 코끝에 전해지는 향기는 어떤 날의 추억들을 떠올리게도 한다. 이런 순간에 사진을 찍어 그날의 좋은 기분을 저장해본다.

자연과 교감하며 나의 발을 본다. 땅과 접촉되는 감각이 느껴진다. 한 걸음 한 걸음이 소중하게 여겨지기 시작한다. 풀, 들꽃, 곤충, 열매 등 자연의 모습과 움직임이 눈에 들어온다. 언제나 존재했던 자연이 내 곁에서 여정을 함께한다. 일부러 초록 배경들을 찾기도 한다. 리드미컬한 활동적 에너지를 다른 곳에 쓰다 보니, 에너지를 충족하고 싶어지는 마음이 커진다. 시간이 나면 내 눈에게 초록 초록한 선물을 주려고 한다.

취향이 바뀐다. 시끌벅적한 곳보다 한적한 곳이 더 편안하다. 무엇을 해도 조급해지지 않는, 여유로움을 느낄 수 있다. 그래서 여행을 갈 때, 평소의 업무와 전혀 상관없는 책을 챙긴다. 한 구절을 읽더라도 눈에 들어온다. 자고 싶으면 잔다. 이게 나만의 힐링 여행 묘미이다. 이렇게 충전하면 이때의 감각, 감정, 향기, 풍경을 기억하고 다음을 또 기대한다. 그렇게 재충전하여 일상을 살아간다.

그리고 스스로를 자각한다. 나를 바라본다. 화가 난 상황이나 슬퍼하는 등의 감정이 올라올 때 심장이 벌렁벌렁하고 머릿속은 새하얘지고, 말문이 막힌다. 순간 올라왔던 감정을 조절하기에는 연습이 필요하다. 내면을 바라본다. '왜 화가 났지?', '진짜 이것 때문에 화가 난 건가?', '저 사람은 왜 저렇게 화를 내지?' 조금만 기다리면 신기한 일이 벌어진다. 내 입장에서 생각했을 때 훅 올라왔던 감정이 조율되는 순간이 온다. 감정이 자연스럽게 흘러가게 하려면 연습이 필요하다. 단번에 감정을 조절하는 것은 쉽지 않다. 그래도 하나씩 시도해본다. 완벽하진 않아도 그제보단 어제가, 어제보단 오늘이 나아지고 있는 것 같은 느낌에 만족한다.

잠들기 전에 '오늘 하루도 잘 지냈어', '좀 잘 안 풀리는 게 있긴 했지만, 내일 다시 해 보자'며 하루를 돌아본다. 내가 위로가 필요할 때도 있고, 스스로 칭찬할 때도 있다. 그리고 '하나 둘 셋, 천천히 숨을 들이마셔 보자'고 내 호흡에 집중해본다. 오롯이 나만의, 나를 위한 고요한 시간이다. 호흡의 흐름에 집중하다 보면 이완된 호흡으로 유도되면서 편안하게 잠이 든다. 그리고 아침을 맞이한다. 잘 자고 일어난 날에는 개운한 느낌으로 일어나 기분 좋게 하루를 시작할 수 있다.

현재에 머무르는 상태가 되면 가벼워진 느낌으로 충족된다. 그러면 집중해야 할 때 어렵지 않게 주의를 기울일 수 있다. 이런 상태에서는 중요한 일을 잘 해낼 수 있다. 이 과정에서 일하는 이유에 대한 생각과 태도에 변화가 생긴다. 잘 먹고, 잘 쉬기 위해 일하는 것이다. 내가 건강하고, 즐겁고, 바라는 행복한 삶을 살기 위해 일하고 공부도 한다. 그렇게 나는 내 자신을 돌보면서 타인을 돌보기로 했다. 선한 영향력을 미치는 사람으로서 말이다.

이제 나는 매일이 소중하다. 작은 순간들을 보려고 노력한다. 드라이브를 하며 하늘을 바라보듯이 내 마음의 풍경도 자주 돌아보려고 한다. 힘든 날도 있겠지만, 그 속에서 내가 원하는 방향을 찾아가고 있다는 진실은 내게 힘이 된다. 나를 돌보는 일은 다른 사람에게도 좋은 영향을 미칠 수 있을 거라는 믿음을 갖는다. 오늘도 한 걸음씩 나아간다. 삶의 여정을 함께하며, 내가 소중한 존재임을 잊지 않겠다고 다짐한다.

갱년기 엄마, 자신을 돌보다

김명서

허리를 숙여 신발을 정리하는데 땀이 뚝뚝 바닥에 떨어진다. 혹시 갱년기라서 그런가 싶다. 땀이 나도 너무 심하다 싶을 만큼 일상생활이 어렵다. '갱년기'라는 단어로 15년째 아들들에게 방패처럼 우려먹었다. 가끔 아들들에게 '엄마는 갱년기야. 사춘기보다 무서운 게 갱년기인 거 알지.'라고 협박했다. 군대를 다녀와서 복학한 큰아들이 웃으면서 '엄마는 갱년기라고 10년 넘게 말하고 있는 거 알아요? 엄마 갱년기는 언제 끝나요?'라고 물었다. 그 말끝에 피식 웃으며 말했다. '그런가.'

그 말에 오랜 시간 동안 나름 협박용 단어로 사용했다는 걸 알았고 그 말이 전혀 협박용으로 효과가 없다는 걸 알아챘다. 서로를 보며 피식 웃었다.

24년 엄마로 살아가면서 힘들다고 말하지 못하고 돌려서 힘든 마음을 표현했던 말이 '엄마 갱년기야.'였다.

'엄마가 힘들어! 엄마 힘든 거 너희들이 알아주면 엄마가 덜 외롭고 힘이 날 듯싶어. 아! 우리 엄마가 힘드니까 신경을 써줘야겠다고 생각 좀 해줘!'라는 메시지를 담은 말이다.

엄마도 보살핌이 필요하다고 툴툴대는 마음의 소리였다. 24년의 노고를 자녀들에게 인정을 받고 싶은 마음으로 반복했던 말이다. 아직 독립하지 않은 자녀들에게 구체적으로 힘든 사연을 말하면 그 무게로 여린 어깨가 축 내려앉을까 염려했던 엄마 마음이었다. 그래서 최대한 할 수 있었던 하소연이었다.

인정 욕구를 채우고 싶은 수줍은 마음이었다.

어릴 적부터 나 자신을 싫어해 본 기억이 없다. 누군가가 나를 미워한다는 시선을 보내는 사람도 있었겠지만 크게 나를 흔들 만큼 작용하지는 않았다. 그 이유는 아마도 부모님이 나를 사랑하고 있다는 믿음의 힘이라고 생각한다. 사랑을 받고 사랑을 주며 존중을 몸으로 느끼면서 자라서인지 호기심도 많고 표현도 크게 제약을 받지 않는 편이다. 결혼 과정에서 겪은 아픈 상처는 나를 성장하게 했고 상담을 공부하면서 치유를 경험했다. 이런 과정을 거치면서 상담자로서의 역량이 확대되었다. 아픔을 가진 내담자를 공감할 수 있는 큰 자원을 얻었다. 이런 내가 참 기특하다. 이 글을 쓰면서도 미소가 번지고 가슴에서 뜨겁고 따뜻한 기운이 심장을 중심으로 온몸에 퍼지는 기운이 느껴진다. 자랑스럽고 대견하다.

큰아들이 고등학교 시절 '엄마는 자기애가 커.'라고 말한 게 생각이 난다.

아들에게 물었다.

"그런 엄마를 보면 어떤 생각이 들어?"

대답은 간단했다.

"보기 좋아."

그 말에 힘이 생기는 걸 느꼈다.

"아들아, 그렇게 말해 주니까 당당한 엄마로 인정받는 기분이 들어서 행복하다. 살짝 울컥하네."

또다시 시간이 흘렀다. 여전히 나는 갱년기라는 말을 우려먹으며 협박 아닌 인정을 호소하고 있다.

작은 아들이 큰아들만큼 자랐다. 집을 내놓은 지 3년 만에 집이 팔렸다. 드디어 18평 좁은 집에서 살다가 32평 아파트로 이사를 할 수 있었다. 새로 들어간 집은 조용하고 도로 안쪽에 자리하고 있어 소음이 거의 없고 아늑하다. 막내가 무심하게 툭 내뱉는다.

"엄마 넓은 집으로 이사해서 좋아?"

"응, 좋아. 너도 좋지? (응). 그동안 좁은 집에서 불편했을 텐데 불평도 안 하고 참아줘서 고마워!"

아들은 씩 웃으며 되물었다. "엄마 그거 알고 있었어?"

"그럼, 알고 있었지. 불편한 내색도 안 하고, 속으로 기특하고 고마웠어. 엄마가 말은 안 했지만 미안한 마음이었어."

아들은 "엄마도 고생했어!"라고 말하며 방으로 쑥 들어갔다. 엄마가 힘들까 살피며 불편한 부분을 말하지 않고 참아준 아들이 대견하고 고마웠다. 속마음을 표현할 수 있는 사람으로 자라준 아들 모습에 행복한 마음이 들었다. 한 가정을 꾸려가는 가장으로, 엄마로 살아가는 시간의 무게가 버겁지 않다면 거짓말이다. 상담 공부하면서 상담과 강의, 시간 알바도 하면서 바쁘게 달려왔다. 1년이 한 달처럼 지나가면서 머리는 희끗희끗, 염색하지 않으면 거울 속 모습이 보기가 싫을 만큼 시간을 달렸다. 간혹 주변 지인 중 흰머리를 자연스럽게 받아들이며 염색을 안 하는 사람도 있지만 나는 아니다. 거울 속 흰머리를 보면 젊은 시절을 바쁘게 살아온 시간의 내가 떠올라서 순간 울적해진다.

이제부터 행복하고 건강한 '나'로 살아가자. 이 모습이 나에게, 아들들에게 선물 같은 모습이라는 생각이 든다.

집 거실과 방마다 이삿짐이 쌓여있다. 여유를 가지고 차를 한 잔 타서 베란다 쪽으로 걸어갔다. 10층 창밖으로 보이는 풍경을 봤다. 고개를 들어 하늘을 바라보았다. 맑다. 구름이 뭉게뭉게 예쁘다. 따뜻한 민트 차 향기가 부드럽게 나를 감싸안고 있는 기분이다. 한 모금을 넘기며 평화로운 이 순간이 좋다. 거실 한쪽에 임시 놓아둔 책상에 앉았다.

일상 속 나를 돌보는 순간들을 만들기 위해 무엇이 할 수 있을까 고민해 보았다. 빈 종이를 찾아 끄적여 보았다.

1. 쓰레기가 베란다에 쌓이지 않게 매일 한 번씩 치우기
2. 내가 좋아하는 향기가 있는 바스로 몸을 씻고 포근한 이부자리에 쏙 들어가서 쉬기
3. 아침에 일어나 이부자리를 정갈하게 정리하기

4. 내가 좋아하는 푸르른 하늘 올려다보며 멍때리기
5. 향기가 퍼지는 따뜻한 커피를 마시며 좋아하는 가수 노래를 크게 틀어놓고 드라이브하기
6. 해 뜨기 전이나 노을이 질 무렵 해를 품은 바다를 보러 가기
7. 소금기 살짝 있는 반숙 계란후라이 먹기
8. 운동으로 땀을 내고 나서 찬물로 샤워 후 얼음 맥주 딱 한잔 하기
9. 꽃집 가서 나에게 꽃 선물하기
10. 매일 운동 루틴 만들어서 건강해지기
11. 그림 그리기

이런 생각을 하며 메모하는 내내 미소가 번진다. 이 시간, 여유를 누릴 수 있는 지금 이 순간이 감사하고 기쁘다. 앞으로 살아갈 날들이 기대된다. 지인과 식사 시간 만들기, 영화 보기, 산책하기, 여행하기, 사랑한다고 표현하기 등등 일상이 선물이 될 수 있을 듯싶다.

선선한 가을이 오면 지인과 가을 산을 보러 가야겠다. 그동안 이런 일상을 전혀 누리지 못한 건 아니다. 단지 그 의미에 대해 행복과 감사를 담을 수 있는 마음 공간이 축소되어 있었을 뿐이다.

오늘도 운동화 끈을 동여매고 이른 아침 운동을 나간다.

그런 내가 좋다.

괜찮다. 괜찮아

김양희

찌르르 가슴에 통증이 온다. 무엇을 위해 상담센터를 하게 되었을까? 생각이 많아진다. 시간이 아무리 흘러도 괜찮아지질 않는다. 한 고개를 넘으면 또 다른 고개가 기다리고 있다. 세상에서 나의 사명은 무엇이냐며 신에게 묻고 또 물었다. 막막하고 답답했다. 원하든 원치 않든 나의 몸은 자연스레 상담 공부하는 곳에 가 있었다.

미대를 졸업하여 학원과 개인지도를 하다 결혼을 했다. 출산 후 대한민국은 IMF로 경제적 위기를 맞아 예체능의 학원들은 타격이 컸다. 새로운 길을 찾아야 했다. 2005년에 우연히 듣게 된 '미술치료' 그렇게 시작돼 오늘까지 왔다.

샤워할 때 알아차림이 올 때가 자주 있다. 머리를 씻고 온몸의 찌꺼기들이 씻겨져 나갈 때 머릿속은 더 잘 정리되는 느낌이다. "왜 괜찮은 척했지? 무엇 때문에 그랬을까?", "아, 나는 여전히 갈등이 싫구나"

나 자신을 알아가고, 참다운 나를 만나면서 서툴고 실수하는 자신을 위로하며 달래주기 시작했다. 내 안의 작은 아이는 조금씩 힘이 생기고 성장해 갔다. 요즘도 불편한 상황에 당면하면 나를 살핀다.

쉰 살에 누가 무어라 말해 주지 않아도 자연스럽게 온몸으로 우주의 기운 '지천명'을 이해하는 섭리를 느끼고 알아차릴 수 있었다.

초보 상담가 땐 두렵기만 했다. 강의를 처음 할 때도 두렵고 떨려서 심장 뛰는 소리가 내 귀까지 들려 긴장감은 더욱 높아져만 졌다. 늘 부족하다고 생각하며 노력에 노력을 더하고 더했다. 잘해야 한다는 생각이 강박처럼 자리 잡았다. 그런데, 난 내가 생각한 그것보다 사람들 앞에서 말을 하거나 무엇인가를 전달하는 것을 잘 해냈다. 한 번, 두 번 경험이 쌓이면서 자신감도 붙기 시작했다. "강사님은 참 멋지신 것 같아요. 어떻게 그렇게 설명을 잘 해 주세요? 귀에 속속 머리에 속속 들어옵니다"라는 피드백을 들을 때면 자존감과 자신감은 하늘로 뿜뿜이었다. 수강생들의 피드백은 능력과 실력을 의심하던 나 자신에게 힘이 되고 의지가 되었다.

오늘도 "그래, 잘하고 있어. 괜찮아"로 위로를 해본다.

2006년에 석사를 들어가며 처음으로 푸드아트테라피를 접했다. 미술치료 공부를 통해 테라피 영역에 입문을 하고 푸드아트테라피를 접할 땐 미술 매체와는 달리 음식이라는 매체가 주는 안정감과 친숙함이 신선하고 재밌었다. 놀이로 시작한 푸드아트테라피는 나에게 새로운 영역에 눈을 뜨게 했다. 프로그램할 때면 내담자들은 물론이요. 나 자신의 만족도도 높아졌다. 성공 경험이 별로 없었던 어린 친구들이 성공 경험을 통해 자기효능감이 상승하는 것을 보면 보람되고 뿌듯함을 느낀다.

처음 상담 영역은 낯설고 어렵기만 했다. 10년을 하다 보면 길이 보일 것이라 말해 주시던 교수님이 계셨다. 막상 10년이 되었을 때 내담자를 만난다는 건 여전히 막막하고 어렵고 두려웠다. 하지만 성실하게 꾸준히 해오던 나 자신을 믿고 또 믿을 수밖에 없었다. "괜찮아 괜찮다"를 되뇌며 강사로, 상담사로 넘어지고 부딪혀도 포기하지 않고 한발 한발 걸어 어느덧 20년이 되었다. 아직도 해야 할 공부가 많고 하고 싶은 공부가 많다. 50대가 되면서 머리의 한계를 느끼지만, 오늘도 새로운 도전을 한다. 누군가는 나를 보며 '멋지다' 한다. 그 말이 힘이 되면서도 부끄럽다. 아마도 가야 할 길을 묵묵히, 해야 할 그것을 성실히 해내기에 멋진 것이 아닌가 생각해 본다.

조금 더 시간이 흐르면 노년에 이를 것이다. 그땐 묵묵히, 성실히 걸어온 이 길 위에서 가만히 스스로 칭찬해줄 것이다. 애쓰고 수고했다고.

일에만 빠져 사는 것도 '외도다'라고 하는 이가 있었다. 일하지 않으면 불안했다. 무엇인가를 해야 마음이 편안해지고 살아있는 존재라는 인식이 들었다. 쉼 없이 달리고 달렸다.

소진되었다는 사실을 인지하지 못할 정도로 일중독에 빠져 살았다. 큰아이가 4살, 둘째가 3살 때부터 공부한다는 핑계로 잘 살피지도 못했는데 첫째에 이어 둘째 아들이 9월 24일 입대를 앞두고 있다.

상담을 공부하며 오직 하나 두 아들을 잘 키우고 싶었고 잘 키우는다는 방법은 '소통'이었다.

아들 둘은 딸들처럼 옆에서 쫑알쫑알 지저귀는 새들처럼 미주알고주알 읊조리던 아이들이 어느덧 위로자가 되어주고 지지자가되어준다.

상담사 직업을 갖게 되면서 최대의 수혜자는 우리 가족들일 것같다. 고집 세고 자존심이 강한 내가 가장 먼저 변했다. 멋진 어른이 되고 싶다. 소소한 행복을 찾고 알아가는 어른이 되고 싶다. 노년엔 그런 여유가 있었으면 하는 바람이 있다.

3년 후에도 5년 후에도 지금과 같이 성실히 내담자에게 집중하며 열심히 살고 있을 나를 응원하고 싶다. 전 세계가 코로나19로움직이지 못하던 상황에 5명으로 시작한 줌 스터디가 이젠 전국적으로 확대되어 4년 동안 24명의 전문가가 모여 더 나은 상담가가 되기 위해 노력하고 있다.

불안해하는 나에게, 잘하고 싶어 하는 나에게 오늘도 외쳐본다. "괜찮다, 괜찮아"를.

언젠가 사회 심리학 교수님이 TV에서 하는 말을 들었다. 요즘 아이들이 이해되지 않아 고개를 갸우뚱할 때가 있는데 할머니, 할아버지의 마음으로 요즘 친구들을 보면 좀 더 나아지더라면서 "요즘 애들은 그러고 노니?"라며 사랑과 진심의 마음이 느껴지는 통합의 눈으로 바라봐주는 것이 필요하다는 말이 와닿았다.

이제 노년기가 그리 멀지 않는 나에게 '통합'이라는 주제는 새로운 패러다임을 준비할 때라고 말하는 것 같다. 급하지 않은, 분주

하지 않은 '통합'의 여유를 누리기 위해 오늘도 나는 열심을 내어
본다.

모랫글에도 꽃이 피고

모랫글

아이들의 내면이 단단해질 수 있도록 도와주세요.

긍정적인 에너지가 생길 수 있도록 해 주세요.

부족함이 있다면 채워지게 해 주세요.

제게는 그들이 소중하게 빚은 작품을 잘 감상할 줄 아는 능력을 주세요.

그리고 그들이 가는 길에 동행해 주는 동반자로서 살아갈 힘을 주세요.

나는 증인이다.

모래놀이로 자신의 문제가 조금씩 나아지면서 표정이 밝아지는 아이들을 봤다. 대략 1년에 모래놀이를 하는 학생은 25명 정도다. 한 학생당 평균 20여 회 상담을 진행하기에 500여 개의 상자가 나온다. 저마다의 다양한 감정과 소망이 담긴 작품들을 정리할 때면 나지막이 중얼거린다. 어느 신이라도 좋으니 기도를 들어달라고.

어디선가 들었다.

원하고 바라는 것이 있으면 찾아 나서야 한다고. 그래서 한국학
교공공상담학회 활동에 적극적으로 참여했다. 매년 학술대회 참
여는 물론이고, 모래놀이 공개 사례 회의가 있으면 사례를 발표하
고 모래놀이 교육분석가인 슈퍼바이저에게 슈퍼비전을 받았다.
《학교 상담과 모래놀이》학술지에 상징(모래놀이치료에 사용되는 소
품을 피규어라 하고, 이는 상징물이 된다.) 논문도 발표했다. 현재는 슈
퍼바이저(상담사를 양성하고 교육할 수 있는 교수자)가 되기 위한 분석
가 과정에 매진하고 있다. 그리고 매해 교토원정대라는 이름으로
내담자와 치료자의 어려움과 소망을 가지고 오가다 야수노부 교
수를 만나러 일본 교토에 간다. 오가다 교수는 모래놀이의 창시
자인 로웬펠트와 도라 칼프의 뒤를 잇는 국제모래놀이학회부회장
(전)이다. 50여 년간 내담자를 상담한 모래놀이 치료실로 찾아가
내 내담자의 상자 사진과 함께 사례를 발표하고 직접 슈퍼비전을
받는다. 분석가 과정에 있는 사람만이 누리는 특별한 영광이다.

"결이 나쁜 아이는 아니야."

지난겨울 내가 가지고 간 초등 4학년 아동의 사례를 들은 오가
다 교수의 말이다. J는 초등 2학년 때부터 3년을 봐온 남학생이다.
학교에 입학 전부터 강박적으로 완벽을 요구하는 엄마 밑에서 자
랐다. 엄마에 대한 분노를 증오로 품고 있다가 만만한 여자 담임
에게 분노를 퍼부었다. 자기 기분에 따라 친구들을 때리고 거침없
이 욕을 했다. 말리는 교사에 발길질하며 가운뎃손가락을 펴 보이

는 것은 다반사였다. 나는 물론이고 교감, 교장까지 달려들어 말리고 설득해도 나아지지 않았다. 걷잡을 수 없이 폭주하는 기관차 같았다. 상담도 거부했다. 그렇게 학교의 골칫거리로 4학년이 된 J는 주변 사람들에게 신체적·언어적 폭력, 성희롱, 사이버폭력에 방화까지 저질렀다. 사건이 끊이질 않았다. 학교폭력 가해자가 되어 어쩔 수 없이 나와 상담하게 되었다. 지도에 불응하고 묵비권을 행사하던 J가 모래놀이를 하겠다고 했다. 그때부터 나의 인내심은 널을 뛰었다. J가 모래놀이에서 보인 행동은 평범하지 않았다. 내 눈치를 보며 피규어를 하나하나 망가트려 놓았다. 몰래 교실로 가지고 가 수업을 방해했다. 모래를 움켜쥐고 상자 안에서 휘둘렀으며, 상자 밖으로 모래가 나가는 것도 개의치 않았다. 잘못했다는 기색이 전혀 없었다. 피규어를 양손에 쥐고 상자 바닥을 박박 긁으며 내 신경을 곤두서게 했다. 보란 듯이 피규어끼리 부딪쳐 망가트리며 '어쩔 건데?'라는 뜻의 미소를 보냈다. 마치는 시간이 되면 모든 피규어를 소품장에 내팽개치고는 나갔다. 그러던 12월 마지막 주, 학교폭력 가해자로 교육받으러 가 학교에 올 일 없는 J가 5시쯤 상담실에 왔다. 교육을 마치고 상담 오는 날이라 늦었지만 왔다고 했다. '이건 뭐지? 무슨 꿍꿍이속이야?' 하는 생각이 들었다. 자연스럽게 모래실로 들어갔다. 모래 상자의 모래를 퍼 올려 산을 만들더니 피라미드를 가져다 산 정상에 턱 놓았다. 바닥의 모래들을 더 다듬어 섬을 만들었다. 나무, 풀, 돌 등을 이용해 40분 동안 말 한마디 하지 않고 작업하더니 돌아갔다. 식물들이 풍성한 섬 중앙에 피라미드가 떡하니 세워져 있는 작품이

'짜잔' 하고 모래실에 남겨졌다.

오가다 교수는 아동이 사춘기에 접어든 것으로 보인다고 했다. 모래놀이에서 숲은 변화와 성장의 공간이다. 사춘기의 아동은 숲으로 들어간다. 그 숲에서 뭔가를 이루고 나온다. J의 작품에 숲이 나타났으니, 아동은 분명 달라질 거라고 하였다. 상담사가 쉽지 않은 기간 동안 잘 버텨주었다고 했다. 삼 년 동안 J로 인해 애썼던 시간을 인정받는 느낌이었다. 5학년이 된 J는 달라졌다. 폭력도 줄었다. 특히 여학생들을 괴롭히던 모습이 보이지 않았다. 친구들을 이끌고 다니며 나쁜 행동을 일삼던 모습에서 여학생 무리와 같이 단체 놀이를 하는 모습이 자주 포착되었다. 행동은 좀 거칠지만 5학년, 그 나이에 맞는 아동으로 보였다. J는 결이 나쁜 아이는 아니었다.

"네 아배가 너 공립대학교 붙었는데도 못 보내주고, 돈벌이 보냈다고 얼마나 속상해했는지 아니?"

이 글을 쓰고 있던 8월 둘째 주 일요일. 외삼촌이 돌아가셨다. 장례식장은 10년 전 폐암으로 돌아가신 아버지의 장례식장을 옮겨놓은 듯했다. 문상 온 친인척들이 거의 같은 분들이었기 때문이다. 외당숙은 남들보다 이른 나이, 73세에 돌아가신 아버지가 생각난다며 생전 아버지의 이야기를 해 주었다.

아버지는 내게 용서를 구한 적도 없고, 용서해 줄 기회도 안 주고 갑자기 돌아가셨다. 가장 큰 원망의 대상이 그렇게 사라졌다. 사과의 말이나 인정받는 일은 영원히 일어나지 않게 되었다. 비슷한 사람끼리 모인다고 했었던가? 내게는 가정 사정이 어렵거나, 부모에게 정서적으로 지지받지 못한 내담자가 많이 의뢰되었다. 부모와 긍정적인 관계 경험이 없다 보니 대인관계가 어려워 상담하게 되는 아동과 청소년이 많았다. 남 일 같지 않았다. 같이 아파하고 도움을 주고자 애썼다. 쓸쓸하고 공허한 마음 상태라는 것을 아니까. 아버지에게 꼭 받고 싶었던 인정과 사랑을 밖에서 찾느라 고달팠던 내 삶을 그들이 겪지 않기를 바랐다.

돌아가신 외삼촌으로 인해 슬픈 자리가 아니라 아버지의 마음을 이제야 헤아린 자리가 되었다.

'아버지도 날 걱정했구나. 속상해했었구나.'

빨리 알았더라면 얼마나 좋았을까? 마음에 쌓였던 미움이 눈 녹듯 녹아내렸다. 그리움으로 눈물이 핑 돌았다.

"아버지를 원망만 했어요. 죄송해요. 보고 싶어요."

사랑하는 까미

소유

"옆 동 김씨가 키우던 치와와가 새끼 다섯 마리를 낳았데. 막내로 태어난 강아지가, 너무 작아서 죽을까 봐 걱정된대. 네가 저번에 외롭다며, 어떻게 키워볼래? 강아지라도 있으면 심심하지도 않고 좋잖아."

뜬금없이 걸려 온 엄마의 전화다. 보통 치와와는 새끼를 한두 마리 낳는 것으로 알고 있는데, 다섯 마리를 낳다니, 걱정되기도 한다. 그리고 오랫동안 혼자 살다 보니 우울해지고 외로운 것도 사실이다.

"요즘 대학원 다니고 일하느라 바쁜데 강아지를 어떻게 키워?"

엄마는 내가 출근하고 나면 봐주시겠다면서 일사천리로 강아지를 내 품에 안겨 준다. 그렇게 아무 준비도 없이 강아지는 내게로 왔다. 어떻게 돌봐야 할지 몰라 대략 난감하다. 신기하게도 강아지의 털이 소파와 이불에 박혀있다. 대소변을 보면 비릿한 냄새가 역해서 헛구역질이 나온다. 말캉한 똥은 나의 인내심을 시험한다. 며칠 동안 속이 메스껍고 밥은 안 넘어간다. '방 안에 개똥과 털이 있다니!' 결국, 내 인내심은 여기까지인 걸로. 강아지를 데려온 지 5일 만에 엄마에게 돌려보낸다. 그런데 퇴근하고 집에 오면 꼬물거리던 작은 털 뭉치가 자꾸 생각이 난다. 그래서 난 하루도 거르지 않고 퇴근하면 엄마 집으로 갔다. 까미랑 신나게 놀다가 늦은 밤이 돼서야 귀가한다. 엄마와 나는 귀여운 까미 덕분에 웃을 일이 많아졌다. 가라앉아 있던 집안 분위기가 확 바뀌었다. 까미가 온 지 한 달쯤 됐을 때 엄마에게서 전화가 왔다. 갑자기 아무 일도 없었는데 까미가 토하고 설사하고, 먹지도 않는다는 것이다. 퇴근 후 정신없이 달려갔다. 까미가 바닥에 토해놨다고 엄마는 등 긁는 효자손으로 겁을 주고 때렸다고 한다. 까미는 설사까지 하고 좋아하는 간식을 줘도 먹지 않는다. 나는 다급한 마음으로 근처 다니던 동물병원에 데려갔다. 의사 선생님이 특별한 이상은 없고, 강아지도 스트레스를 받으면 그럴 수 있다고 한다. 깊은 곳에서부터 화가 치밀어 오른다. 감정적으로 까미를 대하는 엄마에게 화가 난다.

"뭘 먹였던 거야! 왜 토했는지 생각을 해야지. 왜 겁을 주고 때리냐고! 나 어렸을 때도 그렇게 겁주고 때려서 키웠지!"

엄마는 갑자기 이 상황에 기억나지도 않는 옛날 얘기해서 사람 속을 뒤집어 놓는다며 감정이 격해지신다. 또 얼마나 힘들게 우리를 키웠는지, 자신의 희생에 대해 이야기하신다. 그러거나 말거나 바들바들 떨며, 주눅 들어있는 까미를 보니 가슴이 너무 아프다. 어른 손바닥만 한 털 뭉치가 가여워서 보고만 있을 수가 없었다. 엄마에게 까미를 데려가겠다고 선포해 버렸다. 집에 오자마자 인터넷 반려동물 카페에 가입했다. 구글과 유튜브를 보며 공부하고 최대한 많은 정보를 모았다. 본격적으로 집사가 되기 위한 수련을 게을리하지 않았다. 뭐든 마음먹기에 달린 것 같다. 이젠 털을 봐도 아무렇지 않고, 대소변이 있어도 견딜 만했다. 떨어져 있을 땐 까미의 냄새가 그립기까지 하다. '이럴 수가.' 놀라운 변화가 아니겠는가. 처음에 우린 각방을 쓰다가, 5개월이 지나고서야 한 침대를 쓰기 시작했다. 까미가 온 뒤로는 거실 불을 켜지 않고 잠을 잔다. 혼자 지낼 때는 어둠이 너무 두렵고, 작은 소리만 나도 무서운 상상이 나를 지배했다. 요 쪼끄만 까미가 있는 것이 너무 든든하다. 뱃살을 쓰다듬으면 까미는 좋아서 애교를 부리고, 나는 귀여움에 반해 마냥 행복해진다. 까미가 다치거나 아프면 안 되기 때문에, 정기적으로 주치의를 찾아가서 관리도 받고 검사도 한다. 혼자 있을 때 나는 혼밥, 혼술을 하며 TV 보는 것이 일상이었다. 지인들에게 전화해서 수다를 떨다가 잠이 들기도 했다. 지금은 까미랑 함께하는 것이 너무너무너무 즐겁고 행복한데 어찌 내 삶이 달라지지 않을 수가 있겠는가? 가장 큰 변화는, 까미가 여섯 살이 된 작년에 나는 재혼을 했다. 초반부터 걸리는 문제가 있었다. 남편이 동물은 좋아하는데, 집 내부에서 함께 생활하는 것을 받아들이기 힘들어했다. 다행히 거실까지는 허락을 했다. 나와 한 침대를 쓰던 까미가 분리하는 일이 쉽지 않았다. 안방에서 자고 있으면 까미가 문이 열릴 때까지 방문을 긁어댄다. 내가 보이지 않으면 잠도 안자고 먹지도 않는다. 새벽에 남편이 잠에서 깰까 봐 사뿐사뿐 거실로 나와서 까미를 재운다. 주방 바닥이나 거실 소파에서 까미가 잠든 걸 확인하고서야 내방으로 간다. 까미도 새로운 환경에 적응할 시간이 필요하기 때문이다. 남편이 어느 날은 까미부터 챙긴다며 개가 우선이야? 사람부터 챙겨야 하는 거 아니냐며 서운함을 이야기한다. 까미가 부부싸움의 주요 원인이 되었다. 신랑은 개하고 도저히 한집에서 못 살겠다며 까미를 함부로 대했다. 집에서 푹 쉬고 일하러 가야 하는데, 오히려 스트레스를 받고 나간다는 것이다. 시댁 식구들도 집 안에 동물이 있는 것을 이해하지 못했다. 시어머니께서는 내가 아는 지인도 처음엔 못 보낸다고 하더니 강아지 없애고 나서 너무 속 편하게 잘살고 있다며, 파양을 생각해 보라고 하신다. 친한 친구들도 같이 사는 사람을 맞춰주는 것이 당연하다고 했다. 엄마는 강아지 키우고 싶다는 집을 알아 놨다며, 보내자고 설득하신다. 교수님은 반려동물을 데려간 것은 전남편을 데려간 것과 같다며, 합의가 이루어지지 않으면 파양할 것을 권장하셨다. 나는 고민한다. '내가 너무 이기적인가? 까미가 없으면 싸우지도 않고 지금보다 행복해질까?' 무엇보다 확신이 안 섰다. 까미가 없어도, 갈등은 있을 것이고, 그때는 후회해도 돌이킬 수 없다는 생각이 들었다. 나는 흔들리지 않는다. 까미를 데려오면서 약속했었다.

"까미야, 네가 늙고 병들어도 내가 옆에 있어 줄게. 그때까지 행복하게 잘 살다가 가."

그 말을 할 때 가슴이 뜨거워지는 것을 느꼈다. 단 한번만이라도 내가 듣고 싶어 하던 말이다. 믿음. 안정감이 충만하고, 무엇이든 초월할 수 있을 것 같은 말이다. 병원에서 수술받을 때 겁은 나지만 까미를 떠올리면 용기가 생긴다. 속상할 때도 까미랑 장난치다 보면 기분이 좋아진다. 까미의 초롱초롱한 눈망울은 나를 순수한 상태로 만들어 준다. 그런 까미를 파양한다는 것은 나를 잃는 것과 같다. 남편에게 투쟁하고 설득도 해 본다. 그러는 동안 남편과 나에게는 까미와의 추억이 쌓여가고 있다. 한마디로 시간을 번 셈이다. 남편이 까미를 쓰다듬으며 하는 말을 멀리서 듣게 되었다.

"아빠는 네가 싫은 게 아니고, 털이랑 냄새가 싫은 거야. 내가 널 미워할 이유가 뭐가 있겠니? 고양이한테 맞고 오지 말고. 속상하게."

까미는 가만히 남편의 눈을 보고 있다. 둘이 다정하게 있는 투샷을 보고 있으면 감동이 밀려온다. 감동은 내가 사랑하는 이들을 지켜냈다는 자신감을 갖게 한다. 곧 나를 지켜낸 과정이라고 믿고 있다.

영심이를 좋아하는 영훈이

송기홍

   나는 농부의 아들로 태어났고, 아버지는 가난한 농부였지만 부지런하셨다. 일이라면 뭐든 닥치는 대로 하셨고, 살림에 보탬이 될 만한 일은 나쁜 일이 아니라면 무엇이든 시도하셨다. 200평 정도 되는 텃밭에는 언제나 무엇인가 자라고 있었다. 콩을 심고 가지를 심고, 고구마, 감자, 고추, 가지 등 밭에 심을 수 있는 농작물은 가리지 않았다. 심고 거두고 또 심고 또 거두며, 농기계가 없던 시절에 삽과 호미로 농사짓기에는 넓은 땅이었다. 밭에는 언제나 무언가 자라고 있었다. 그렇게 부지런한 아버지 때문에 우리 가족은 모두 부지런할 수밖에 없었다. 엄마는 1년 내내 모시 짜기를 하셨다. 태모시를 사다 여러 과정을 거쳐 모시 짜기가 완성되면, 장에 나가 팔았다. 그 과정을 엄마는 반복하셨고, 우리는 아버지를 따라 논으로 밭으로 따라다니며 열심히 일했다. 집에는 여러 종류의 가축도 키웠다. 염소, 닭, 개, 토끼 등 우리 집은 동물 농장 같았다. 집에서 기르는 가축들은 가족 같았다. 그러나 동물애호가들이 들으면 기겁할 일이겠지만, 집에서 기른 가축들을 대부분 식용으로 사용되었다. 가족 수는 많고 식량이 부족하던 그 시절에는, 가축들을 식용으로 사용하는 것을 당연하게 여겼다.

상담사가 된 후에 상담이 의뢰되어 내담자 가정을 방문했을 때, 아파트 현관문을 열고 들어선 순간 거실에서 닭이 날고 있었다. 어린 시절 닭을 기르던 생각이 났다. 가축은 밖에서 키워야 한다는 고정관념이 있었는데, 거실에서 닭이 날고 있었다. 그리고 그곳은 농촌지역의 단독주택이 아니라 광역도시의 아파트였다. 그 지역에서는 나름 잘사는 동네이고 그 아파트도 고급 아파트에 해당하는 곳인데, 거실에서 닭이 날고 있다는 사실이 이해되지 않았다. 내담자(장영훈, 가명)는 초등학교 4학년 재학 중이었다. 영훈이는 엄마 그리고 누나와 함께 살고 있었다. 3년 전 아빠가 회사에서 사고로 돌아가셨고, 이 아파트는 그 보상금으로 산 아파트라고 했다. 영훈이 엄마는 남편을 떠나보내고 그 충격으로 아직도 우울증 약을 먹고 있다고 했다. 고등학생인 누나는 아침에 일찍 집을 나서면 밤이 늦은 시간이 되어야 집에 돌아왔다. 대부분 시간을 영훈이와 엄마가 함께 집에 있었는데, 엄마는 건강이 좋지 않아 영훈이를 돌보는 것을 힘들어하셨다. 본인의 건강이 좋지 못하니 영훈이를 잘 돌볼 수 없었고, 그런 영훈이를 위해 무엇을 해줄까 고민하다, 영훈이가 닭을 좋아해서 집에서 닭을 기르도록 허락했다는 것이다. 그런데 이제 그 닭 때문에도 스트레스를 받고 있었다. 영훈이 엄마는 얼핏 보기에도 건강이 나빠 보였다. 우울증으로 약을 드신다는 영훈이 엄마는 류머티즘으로 마디마다 툭툭

불어난 손을 내보이기도 했다. 얼굴엔 생기가 없어 보이고 많이 마른 체형이었다. 집에 방문하면 영훈이는 거실에서 닭을 데리고 놀고, 엄마는 늘 침대에 누워계셨다.

영훈이는 상담에는 관심이 없었다. 자기는 상담받고 싶지 않은데, 엄마가 상담을 신청해서 기분이 나쁘다는 것이다. 상담 중에도 영훈이는 긴 플라스틱 장난감 칼을 휘두르며, 가끔 닭을 따라다녔고, 영훈이는 닭을 괴롭히는 게 아니라 닭하고 놀아주는 것이라 했다. "꼬꼬댁, 꼬꼬댁"하면서 닭은 푸드덕거리며 거실을 날고 있었다. 그런 거실에 들어서면 암담했다. 외부인의 방문에도 영훈이는 칼을 휘두르며 닭을 따라다니는 것에만 열중했다.

'여기서 무엇을 할 수 있을까? 왜 아파트 거실에서 닭을 키우는 걸까? 닭은 닭장에서 키워야지 거실을 날고 있는 저 닭은 뭐야!' 한동안 혼자 머릿속으로 생각하며 기회를 보다가 영훈이에게 말을 걸었다. 그리고 닭을 베란다에 보내기로 했다. 베란다에는 닭을 위한 작은 보금자리가 있었다. 영훈이는 그 닭을 '영심이'라고 불렀다. 상담하면서 영훈이는 영심이 얘기를 자주 했다. 3개월 전에 엄마에게 병아리를 사달라고 졸라 시장에 가서 병아리를 여섯 마리 사 왔는데, 병아리들이 자라면서 한 마리씩 죽더니, 이제 영심이만 남았다고 했다. 병아리를 키우며 병아리를 한 마리씩 떠나보낼 때마다 슬펐다고 한다. 그러다 마지막 한 마리 남았을 때 그 한 마리는 자기 동생이라고 이름도 '영심이'라고 지어 주었다고 한다. 영훈이는 학교에서 돌아오면 항상 영심이와 놀았다. 엄마는 언제나 누워 있고, 누나는 매일 늦게 들어오고 영훈이가 집에서 시간을 보낼 수 있는 건 오직 영심이뿐이었다. 영훈이는 밖에 나가서 노는 것을 좋아하지 않았다. 집에서 마땅히 할 일이 없어서 인지 영훈이는 긴 장난감 칼을 휘두르며 닭을 따라다녔다. 영심이는 외로운 영훈이의 친구였다.

방에서 고양이 두 마리를 키우던 내담자(민식이, 가명, 남, 초5)도 있었다. 부모님은 맞벌이로 늘 바빴고, 집에는 언제나 민식이 혼자뿐이었다. 집에 혼자 있는 민식이를 위해 아빠가 친구 집에서 새끼 고양이 두 마리를 데리고 왔다고 한다. 아직은 작은 새끼 고양이였지만 집안 곳곳에는 고양이 흔적들이 있었다. 침대도 없는 방 바닥에 항상 이불이 깔려 있었고, 민식이는 언제나 고양이와 함께 놀고 있었다. 벽에는 고양이 발톱으로 긁은 자국이 여기저기 흔적으로 남아 있었다. 민식이는 고양이가 있어서 행복하다고 했다. 고양이가 없을 때는 무척 심심했는데, 고양이가 온 뒤로는 고양이와 놀아서 행복하다고 했다. 민식이를 만날 때는 방학이었는데, 집에 있는 시간이 많았고, 그러다 보니 고양이를 더 의지했다고 한다. 고양이가 집에 온 후로는 그동안 다니던 지역아동센터도 나가지 않고 오직 방안에서 고양이와 시간을 보내고 있었다. 상담을 진행하면서 민식이가 그동안 외롭게 지낸 이야기를 나눴다. 부모님이 출근하시면 언제나 외로웠는데 고양이가 집에 와서 좋다고 했다. 언제나 심심했었다고 말하는 민식이는 상담에도 잘 따라왔다. 그림을 그리고 색칠하고, 때로는 보드게임도 하면서 고양이를 놓아주었다. 개학한 뒤에는 학교생활도 잘하고, 그동안 쉬고 있던 지역아동센터도 다시 나가기 시작했다. 지역아동센터에서 마련해준 상담실에서 민식이를 만났을 때, 민식이는 지역아동센터도 재미있고 잘 적응하고 있다고 했다.

심심했던 영훈이에게 영심이는 외로움을 달래주는 친구였다. 민식이가 길렀던 고양이도 민식이의 외로움을 달래주는 가족이었다. 이제는 영훈이도 민식이도 닭과 고양이가 아닌 학교 친구들과 어울리고 자기의 시간을 잘 보내고 있어서 다행이다.

선한 영향력으로

이선희

"이 박사, 이 박사는 성공했다고 생각해?"

우리는 인생을 살아가면서 주저앉지도, 서지도, 걷지도 못하는 두려움과 마주할 때가 있다. 걸어갈 수 있는 길, 걸어가지 못하는 길, 걸어갈 수 없는 길을 간다. 완전하지 못한 나의 인생을 살아낸 것. 진흙더미 속에서도 희망으로 살 수 있었던 것. 믿음이다. 광야를 걷는 나에게, 쉬이 흔들리고 낙심될 때 먼저 가서서 가시도, 돌멩이도, 나무 넝쿨도 치워주며 나를 사랑하신 분, 내가 믿는 하나님이다. 남들이 걸림돌 없이 잘 나갈 때 부러웠다. 나도 그런대로 괜찮은 것 같은데 뜻대로 되지 않을 때 좌절했다. 하지만 그때는 몰랐다. 시간 차이일 뿐이라는 것을. 가장 좋은 길로 인도한 것이라는 것을 늦게 깨달았다. 가끔 생각한다. '아차, 그때 깨달았다면 후회를 덜 할걸.' 힘들었던 청소년기에 곁길로 가지 않은 대견함도 있지만 원하는 것을 접어야 했던 아쉬움도 있다. 상황과 환경만 보면 일어설 수 없을 때가 있었다. 인간이 아무리 하는 일이 많고 잘났다고 거들먹거려도 수없이 밀려오는 파도와 강풍 같은 시련 앞에서는 한없이 작아지고 어찌할 바 모른다. 나도 그랬다. 삶의 무게가 힘겨웠을 때, 감정의 고통에서 죽을 뻔했던 나, 남을 죽일 뻔했던 것을 생각하면 얼떨떨하다. 하지만 나는 믿음의 사람임을 잊지 않고 살았다. 나를 끝까지 사랑하는 하나님을 신뢰했다. 과거도, 현재도, 남아있는 시간까지 책임진다는 믿음을 포기하지 않았다. 다시 일어나 걷고, 달리고, 뛸 수 있는 강한 에너지가 있다. 그런 나는 축복의 통로다.

과거에 얽매여 현재를 힘들게 살았다. '꽃이니까 예쁘지.' 꽃이 예쁘다고 말하는 사람들을 이해하지 못했다. '왜 그럴까.' 수많은 질문을 쏟아내고 꼬리에 꼬리를 무는 부정의 생각에 치여 힘들었다. 나를 돌아보지 못하고 쩔쩔매며 절망했다. 상처에 연연하여 지나간 시간에서 벗어나지 못한 내가 안타까웠다. 나와 같은 내담자를 만나면서 내면의 나를 보았다. 부인할수록 더 뚜렷하게 보이는 나, 도망칠수록 더 빠른 걸음으로 쫓아오는 그림자를 인식하면서 정면 돌파의 용기가 생겼다. 그들을 만날 때 감추어진 아픔들이 서서히 드러났다. 나에게 방긋 웃으며 두 어깨를 감싸고 안아주었다. 상처 많은 나를 알아차릴 수 있게 한 내담자. 나에게 소중한 존재다. 나는 그들을 만나면서 회복되었다. 내담자는 나의 에너지다.

가족은 어떤 의미일까? 나에게 가족은 이런 존재다. '영원한 내 편, 내가 힘들 때, 잘될 때(사람마다 기준은 다르지만) 제일 기뻐해 줄 사람'이다. 가족이 있어 감사하고 든든하다. 지쳐 쓰러질 때 다시 일어서게 하는 비타민 같은 존재이다. 가고 싶은 곳 어디든 함께 갈 수 있는, 며칠을 쉬어도 눈치 보지 않는, 명품 가방보다 더 좋은, 가격으로 책정할 수 없는 특별한 존재이다. 23년 4월 뇌하수체 종양 수술을 했다. 의사가 수술은 성공이라 했는데 의식을 잃고 쓰러졌다, 생각보다 힘든 과정을 겪으면서 가족의 소중함을 느꼈다. 가족은 나를 살게 하는 이유이며 행복의 저장 창고다.

"여보 사랑해, 자네는 안 그럴지 모르지만 나는 다시 태어나도 자네와 결혼할 거네. 나하고 살아줘서 고마워."

"엄마, 우리 집이 얼마나 행복한 집인 줄 아세요. 친구들 집을 보면 우리 집처럼 행복한 집이 없어요."

"엄마, 아빠가 내 엄마, 아빠라 좋아요. 엄마 아프지 말아요. 나하고 일 년에 두 번 꼭 해외여행 가자."

나는 웃었다.

어느 순간 목표를 정하여 계획하고 행동하는 것을 잠시 멈췄다. 단순하게 살고 싶다는 생각을 했다. 스트레스는 무기력과 신체화로 나를 힘들게 했다. 몸과 마음의 연약함은 긍정 에너지를 부정으로 바꾸었고 현재에 감사할 줄 모르는 불평의 아이콘으로 변화시켰다.

'아차 싶었다. 이러면 안 되겠다. 정신 차리자. 갯벌에 빠진 발처럼 의지와 상관없이 빨려 들어가는 것에서 벗어나야 한다.' 나를 가로막고 있는 산을 포기하는 것이 아니다. 넘어가면 된다. 나를 향해 세차게 달려오는 파도에 휩쓸리는 게 아니라 유연하게 파도를 타면 된다. 물론 쉽지 않다. 아프지 않고 원하는 것을 이룰 수 없다. 그렇다면 상처 입은 사람도 없고, 힘들어하는 사람도 없고, 삶을 포기하는 사람도 없을 것이다. 힘겨운 상황에서 반응의 정도가 다를 뿐이다. '이번에는 정말 잘해야지.' 다짐하지만 맥없이 꼬부라져 쓰러질 때도 있다. 아무도 살아주지 않은 인생, 내 인생의 주인은 '나'이기에 다시 힘을 내본다.

트라우마(학교폭력, 가정폭력, 공황장애 등)를 겪은 내담자를 만날 때 '아픈 만큼 성장한다' 말한다. 힘겨웠던 시간을 회복하기는 쉽지 않다. 하지만 회복은 삶을 지탱할 수 있게 한다. 나도 그랬다. 가난 때문에 절망이었고 꿈도 포기했다. 사랑하는 가족이 죽음 직전까지 가는 아픔을 다섯 번 겪었다. '나'만의 편견과 고정관념으로 자유롭지 못했다. 하지만 나는 결국 아픈 만큼 성장했다.

절망이 너무 깊어 몸도 추스를 수 없는 고통으로 살아가는 사람들의 치유를 돕고 싶다. 그렇게 되기 위해서 반드시, 지금 이 순간 무언가를 해야만 한다. 나를 일으켜 세우는 것들이 있기에 흔들려도 다시, 오늘 나는 일어선다.

빨리 가야만 하는 것은 아니다. 속도를 줄이면 나무와 꽃과 푸른 하늘을 볼 수 있다. 날마다 최선을 다하지 않아도 된다. 얼마나 힘들겠는가. 가끔은 단순하게 살려고 한다. 복잡하게 생각하고 고민해도 가슴이 뻥 뚫리는 답을 찾지 못할 때가 있다. 나를 들여다보면서 더하기, 빼기를 잘하려 한다. 보이지 않아 닦이지 않는 상처가 있는지, 실망하여 걷잡을 수 없는 낭떠러지로 떨어뜨리는 것이 있는지 닦아내고 끌어올려 무언가를 시작했던 첫 마음으로 걸어갈 것이다. 혹독한 계절을 견뎌야 꽃을 피운다. 절망 앞에서 0.1%의 희망을 잡는 용기가 필요하다. 0.1%, 결코 작은 것이 아니다. 그것은 99.9%를 끌어내는 강한 내적 에너지다. 내 마음의 운전대를 누구에게 내어주고 있는지 생각해 본다. '내 생각만 바라보며 까칠하게 자율주행 모드로 작동하고 있지는 않은가. 나의 마음을 누군가 조정할 수 있도록 자동 모드로 내버려두고 있지 않은가.' 어차피 선택과 결정은 나의 몫이다. 어떤 선택을 하든 책임은 내가 져야 하는데 남의 탓으로 돌리면서 환경을 핑계 삼고 누구 때문이라 변명하기도 한다. 내 안에의 작은 울림에도 귀 기울이지 못할 때가 많다. 생각의 무게가 너무 버거워 잠깐의 여유도 없을 때가 있다. 삶의 지혜가 필요할 때 멍하니 아무것도 떠오르지 않을 때도 있다. 하지만 깨닫는 순간 내면의 소리를 들으며 타인을 공감하고 위로하는 자리에 있다. 나의 존재와 소중함을 아는 만큼 타인을 이해하고 사랑하는 것도 축복임을 잊지 않는다.

"성공, 갑자기 그런 질문을 해요. 나는 성공했는데. 사람마다 기준은 다르겠지만, 하고 싶은 일 하고, 사랑하는 가족도 있고, 좋아하는 친구와 여기 수목원에서 새소리, 바람 소리 들으며 김밥에, 라면에, 과일 먹으며 이런저런 이야기 하니 좋고, 아들도 있고, 딸도 있으니 행복하네요. 그러면 성공했죠."

내가 정말 성공한 사람이구나 싶었다. 나는 마음 아픈 사람의 상처를 보듬고 다시 일어서게 하는 심리상담사다. 사람이 세상의 자원이라 생각한다. 나에게 온 내담자는 하늘이 보내준 귀한 선물이다. 그들을 만나기 위해 더 나은 상담사가 되려 노력한다. 내가 가진 것에 감사하고 겸손하게 살려 한다. 나를 만나는 사람들에게 선한 영향력을 미치는, 그런 사람이 되기 위해.

오늘도 난 좋아

임성희

연약한 내담자가 자기성찰과 극복해나가는 과정을 함께 이겨낼 때 나는 그 자체가 뿌듯했다. 내게 본질적인 행복은 상담자와 함께하는 여정에 기쁨과 희망을 전하고, 지지할 수 있는 든든한 큰 힘이 되었으면 했다. 나를 움직이게 만드는 주요 원동력은 내담자를 위해서 아닌 내가 선택한 일이고 나를 위해서 한거라는 명목하에 나를 혹사시켰고 매너리즘도 만나게 되었다. 하지만 내가 단단해야 누군가도 일으켜줄 힘을 줄 수 있다는 것.

나는 여러 성향의 사람들을 갖가지 이유들로 많이 접하게 된다. 때론 타인의 상황에 너무 감정이입이 되어 상담이 끝난 후에도 생각하고 얼마나 힘들까 하는 생각에 나까지 기분이 다운되기도 했다. 나는 들어주기만 하는 사람이 아닌 명확하게 의사소통하며 문제 해결 과정을 함께 탐색해나갈 수 있도록 돕는 역할이다. 하지만 압박감이 들 때도 있었다. 건강 악화, 직장에서의 문제 발생 등 여러 사건이 한꺼번에 발생하면서 감정적으로 힘든 시간을 겪기도 했다. 예기치 못한 일이 연이어 발생하면 부정적인 생각을 넘어 무기력으로 이어졌다. 괜히 엄마에게 화풀이를 했던 적도 많다. 그럼에도 불구하고 기분은 오히려 더 상하게 된다. 잘못된 방식으로 표현한 것이다. 나도 의지하고 싶을 때 나를 온전히 품어줄 수 있는 상대라서 온갖 짜증을 냈다. 이유도 모른 채 짜증 내는 딸이 버거워 왜 속상하게 하냐며 너의 집으로 가라며 쫓겨났었다.

더 잘 해내고 싶은 마음이 과해 나를 가로막는 것은 늘 나 자신이었다. 나도 열심히 하고 있는데 남들보다 뒤처질 때 비교하는 마음, 내 노력을 알아주지 않을 때 자존심을 부리는 마음 등…. 누군가 시키지도 않았는데 스스로 나를 괴롭히는 것은 목표와 부합하지 않았다. 부족한 부분은 인정하며 스펀지처럼 흡수할 때 오히려 더욱 큰 성장이 일어나는 것 같았다. 목표에 너무나도 압도되어도 나 자신을 잘 돌보지 못할뿐더러 아이러니하게도 목표를 잘 다뤄야 슬럼프도 잘 넘어갈 수 있게 된다. 늘 스스로를 돌아보고 감정을 전환하는 나만의 방법을 찾아갔다. 상담하며 내담자의 문제에 너무 이입이 되면 마음이 힘들었다. 내 감정이 아닌 타인의 감정이기 때문에 비워내기가 필요했고 내가 해소하는 방법은 명상과 운동이다. 지속적으로 '채우기'에 열을 가했고 소화를 시키는 것이 필요했다. 온전히 나에게 집중 할 수 있는 시간이고 미처 살피지 못했던 감정 찌꺼기를 바라보고 느끼며 비워나갔다. 고요하며 둥둥 떠다니는 생각들은 차단하며 다른 생각이 들 겨를도 없이 내 몸에만 집중되었기에 평화로워졌다.

그리고 함께할 수 있는 상담사들과의 환경, 같은 일을 하기에 공감도 조언도 받을 수 있었다. 그분들이 만들어내는 좋은 영향과 또렷해 보이는 목적의식까지 닮고 싶었다. 마음과 시간과 정성을 다해 내담자의 성장을 도우며 스스로의 성장도 놓치지 않는 동료들을 보며 나도 내가 원하는 역량과 이겨낼 수 있는 사람이 될 수 있겠다는 조심스러운 희망을 발견했다.

이렇게 몇 번의 시기들을 맞닥뜨리고 무언가의 압박감에 압도되어 내려놓는 것보다 할 수 있는 것 하나씩 집중해서 해나가면서 시간이 지나면서 해결되었다.

이제는 책을 들여다보고 공부하는 것들이 어쩌면 밥을 먹고 산책하는 것처럼 생활의 일부로 자리 잡고 있었다. 메시지 하나하나가 새로운 변화를 이끌어주었듯이 내 삶에 대한 확신이 선행되었다. 마음이 지치고 힘든 사람들에게 위로와 용기를 줄 수 있도록 이끌고 지나친 위로로 오히려 약하게 만들지 않을 것이다. 때론 아프더라도 상대를 위해 직언할 줄 아는 사람이 되고 싶다. 어느 곳에서나 겸손하고 선한 사람이 되기 위해 최선을 다할 것이다. 항상 이 마음으로 채워나가겠다.

나는 프로페셔널한 아주 대단한 상담을 잘할 수 있을지는 모르겠다. 그럼에도 불구하고 그냥 나는 이걸 좋아한다. 그리고 주변에게 돌려줄 수 있는 사람이 되고 싶다. 매 순간 과정 그 자체가

의미 있고 즐거운 것을 계속하는 것이 맞기에 오늘도 나는 상담하
러 간다.

가족세우기와 만나다

정명자

대중교통을 자주 이용하는 나는 자가용 없는 불편에도 익숙하다. 지하철이나 버스를 타면, 가끔 사람들의 표정을 유심히 살필때가 있다. 이목구비 반듯하고 잘생긴 얼굴보다 표정이 밝은 사람이 편안하게 느껴진다. 사람들에게 나는 어떤 모습으로 비춰질지궁금하다. 속사정을 잘 아는 가까운 지인 중, 크고 작은 일을 많이 겪은 분이 있다. 작은 일에도 화들짝 잘 놀래고, 순식간에 표정이 어두워지면서 얼굴 근육이 굳어지며 두려워하는 마음을 감추지 못한다. 자라 보고 놀란 가슴, 솥뚜껑 보고도 움찔하는 것이리라. 옆 사람도 무슨 일이 곧 일어날 것만 같아 긴장된다. 전에는그분을 이해하지 못했다. 생각지 않은 일로 세월을 겪으며, 자기얼굴에 대해 스스로 책임져야 한다는 50세 나이를 훌쩍 지났다. 이해 못 할 일이란 없다고 세월이 가르쳤다. 깊게 패인 주름에서고된 삶을 이겨낸 힘을 본다. 우물 안 개구리가 세상을 나와 많은것을 경험하듯, 지금의 내 얼굴은 그동안의 삶이 묻어 있으리라. 미간을 펴고 입꼬리를 살짝 올려 본다. 자식들에게 의존하지 않으면서 건강하게 소통하는 후덕한 할머니를 꿈꿔 본다.

상담사라는 쉽지 않은 길을 선택하고 그 길을 갈 수 있도록 힘을 준 것은 버트 헬링거의 가족세우기다. 1925년 독일에서 출생하신 선생님은 세계 2차 대전을 겪은 분이다. 철학 신학 그리고 교육학을 전공했고, 16년간 천주교 선교단으로 남아프리카 줄루족을 위해 일했다. 그 후 심리분석 치료자가 되어, 그룹 다이나믹, 원초적 치료, 초고 분석 그리고 여러 가지 최면치료 과정을 통해 가족세우기를 발전시켰다. 가족세우기는 현상학적 심리치료, 조직 상담, 심신의학과 일반상담 그리고 넓은 의미에서의 영적 치료에서 사용된다. 독일에서 버트 헬링거 선생님의 제자로 6년간 공부하신 박이호 선생님은 2001년 귀국하여 가족세우기를 한국에 알리는 일을 했다. 버트 헬링거가 쓴 글을, 박 선생님이 우리 말 번안을 인정받은 유일한 한국 분이다. 많은 번안 책들은 헬링거의 철학과 임상을 다룬 가족세우기의 지침서이다.

2005년 박이호 선생님의 가족세우기 전문가 과정의 시작은 특별한 계기가 있었다. 대전 열린 가정폭력 상담소에 근무하던 중 교통사고가 났고, 입원 중 머리에 1.3센티미터의 종양을 발견한 것이다. 세상이 끝난 것처럼 두려웠다. 박 선생님을 모시고 가족세우기를 주관했던 상담소 소장님의 권유로, 20여 명이 참석해 진행 중이던 세션에, 남편과 함께 중간에 참석했다. 가족세우기에 대해 아무런 정보가 없던 나는 남편과 함께 박 선생님 옆에 의뢰인으로 앉았다. 선생님은 아무것도 할 것 없으니 대역을 지켜보라고만 했다. 내 대역으로 섰던 죠이는 현재 가족세우기 진행자로 열심히 활동 중이다. 나에 대한 정보를 전혀 모르는 죠이는, 장에 서자마자, 엄지와 검지손가락으로 만든 원 모양을 머리에 갖다 대었다. 그리고 총구멍이라고는 단어를 반복했다. 영문을 모르는 우리 부부는 당황스러웠다. 그 장면을 보면서 가족사에 무슨 일이 있었냐고 박 선생님이 물었다. 친할머니가 6.25 전쟁 때, 양식 구하러 갔다가 총살을 당해 여러 시체들이 쌓인 이웃 마을 구덩이에서 시체로 발견되었던 일이 생각나 박 선생님에게 말했다. 어릴 적 들었던 할머니의 죽음이 그때 떠오르는 것이다. 평소에 전혀 생각지 못한 할머니의 죽음이 그 순간 장과 연결된 것이 신기하면서도 당혹스러웠다. 박 선생님은 할머니를 죽인 가해자와 할머니 대역을 장에 세웠다. 두 사람은 서로의 어깨를 감싸고 웃으며 나를 향해 오라는 듯 팔을 활짝 폈다. 가해자와 피해자는 죽음 안에서 이미 화해되었다고 박 선생님은 설명해 주었다. 그 모습을 본 순간 나도 모르게 뜨거움이 가슴에서부터 차오르며 주체할 수 없는 눈물이 흘렀다. 가해자에 대한 분노와 할머니의 죽음을 억울해하는 피해자의 감정이 내 안에 뒤얽히며, 한 발자국도 앞으로 가지 못하고 얼어붙었다. "혼자 못 가면 도와드려야죠"라고 하시며 박 선생님은 남편을 내 옆에 세웠다. 남편은 안쓰러웠는지 한 손으로 내 등을 살짝 밀어주었다. 몸에서 뭔가 알 수 없는 독한 기운이 빠져나간 듯, 한 발자국씩 나를 향해 웃는 두 사람에게 다가가 안겼다. "할머니 당신의 죽음과 운명에 동의하며, 물러나 제 운명 앞에 섭니다." 박이호 선생님의 문장을 따라 하며 할머니와 할머니를 죽인 가해자에게 큰 절로 고개 숙인 뒤, 뒤돌아 내 자리로 천천히 돌아왔다. 드러난 사건과 사람은 가족 체계 내에서 존중받기에, 질병은 몸을 공격하는 적이 아니라는 박이호 선생님의 말씀처럼 나는 지금까지 잘 살고 있다.

그렇게 시작한 가족세우기에서, 개인의 무의식을 넘어 가족공동체에 귀속하려는 양심과 가족의 질서와 서열을 새롭게 배웠다. 이상한 행동이나 질병은, 선대의 미해결된 문제에 얽히고 끼어드는 후대의 눈 먼 사랑, 즉 좋은 일이 생길 수 없는 오만한 사랑이라는 것도. 가족 체계에서 제외된 사람은 후대에서 다시 재현되어 동일시되고 반복되는 것을 수없이 참여한 세션에서 알게 되었다. 그래서 일상의 문제를 피하지 않고 직면하고 집중하는 이유는, 내 문제에 자녀가 사랑으로 끼어들지 않도록 정신 차려야 하기 때문이다. 가해자와 피해자가 이미 화해된 할머니의 죽음은, 생명을 내려주신 고마운 분으로 가슴에 편하게 자리했다. 가해자에게 분노하는 것보다 피해자와 함께 울 수 있는 상담자로 성장시킨 계기가 됐다. 가족사의 아픔이 인정받고 존중받으면, 후대 사람들은 편안해지는 축복을 경험한다. 내 머릿속의 종양은 정기적으로 병원에서 관찰 중이나 큰 변화 없이 그 자리에 있다. 나의 경우처럼, 가족세우기는 대역을 통해 의뢰인의 집단 무의식을 드러내고, 거기서부터 가족 체계를 찾아 들어가는 현상학적 심리치료이다. 의뢰인이 말하지 않은 정보가 대역의 움직임으로 한 치 오차 없이 드러나는 신비한 영적인 치료 방법이다. 임상이 많은 가족세우기 촉진자는, 대역의 움직임에서 얽힘을 알아차리고, 가족에서 제외된 사건과 사람을 존중하는 치유의 문장을 의뢰인에게 준다. 가족세우기 치유 문장은, 도덕과 분별을 넘어서서 생명의 큰 흐름에 고개 숙이는 의뢰인에게 문제의 풀림을 경험하게 한다.

가족세우기를 처음 나에게 소개한 분은 전 근무지의 상담소장님이다. 머리에 뇌수막 종양이 발견되었을 때, 가족세우기에 참여하도록 권유해 준 것이다. 뜻밖에 병을 얻어 몇 년 전 돌아가셔서 지금은 만날 수 없으니 아쉽다. 중환자실로 문병 갔을 때, 언니들 많아서 좋겠다는 죽음을 앞둔 소장님의 한마디는, 외로움이 절절한 그분의 삶이 묻어 있어 더 가슴 아프다. 소장님은 중학교 졸업 후 검정고시로 고등학교 졸업장을 받으셨다. 화장품 외판원과 보험 설계사로 일하며 딸 하나를 키우면서 상담 공부를 시작했다고 하니, 가히 내 생애 최고의 여전사이다. 언젠가 보여주신 그 많은 상담 관련 수료증과 늦은 나이에 박사 과정도 마친 철의 여인이다. 상담과 강의에 특별한 달란트가 있었지만, 운명의 허락은 거기까지였으니, 안타깝고 그리울 뿐이다. 카멜레온 같은 다양한 매력과 그 열정을 나는 늘 동경한다. 상담실과 소장님을 만났기에 가족세우기를 공부했고, 의뢰인의 영혼을 존중하는 사람이 될 수 있었다. 보이는 것 너머에 분명하게 존재하는 사랑을 알게 된 고마운 가족세우기는 생애 최고의 선물이다. 박이호 선생님에게 가족세우기 전문가 과정을 공부한 선생님들과 2012년 대전가족세우기

연구회를 만들었다. 매달 둘째 주 주말에 1박 2일을 한 번도 빠짐 없이 가족세우기를 진행하고 있다. 끊임없는 성장과 자기 발견을 해 가는 회원들의 열의는 가족세우기에 참석한 의뢰인들에게 가족의 깊은 치유를 경험하게 한다. 집단무의식이 개인 삶에 미치는 영향을 알아차리며, 의뢰인들은 가족의 힘을 자신에 삶에서 적용하고 새롭게 살아간다.

나는 남은 생애에 가족세우기를 수련하며, 부모로부터 받은 생명을 고맙게 받고 누리며 성장해 가는 삶을 꿈꾼다. 삶의 지혜를 사람들과 나누며, 작은 풀꽃의 힘찬 생명을 응원하는 순수함을 간직하고 싶다. 여리고 약한 것에게 친절하고, 강하고 훌륭한 것에서 언제나 배움의 끈을 놓지 않는 겸손한 사람이 되고 싶다. 우리들의 자식으로 태어나 씩씩하게 사는 보라와 지우가 잘되기를 늘 축복한다. 너희들이 안겨 줄 손자 손녀를 기뻐하는 행복한 할머니가 되고 싶다. 엄마에게 보라와 지우가 언제나 사랑스럽듯, 나도 부모님들의 사랑스러운 딸로 살아간다. 몸은 보이는 영혼이고, 영혼은 보이지 않는 몸이라고 한다. 햇볕을 쪼이고 산책하고, 건강한 음식을 먹고 사람들과 소통하며, 몸과 영혼을 잘 돌보며 오늘을 산다.

사랑의 무게: 심리상담사와 삶의 균형을 찾아가는 여정

조미주

　뉴스에서 접한 한 사건은 내 마음을 깊이 흔들어 놓았다. 아빠가 의사인 부부가 자기 아들을 마치 코피노인 것처럼 속이고 필리핀에 4년간 유기했다는 이야기는 차마 믿기 어려웠다. 이들은 아이를 필리핀에 보내기 전에도 이미 여러 차례 유기와 방임을 시도했으며, 그로 인해 아이는 심각한 건강 문제와 심리적 상처를 입었다. 왼쪽 눈이 실명된 채, 여러 차례 버림받은 상처로 인해 아이는 결국 부모와 함께 살기를 거부하는 지경에 이르렀다. 이들 부부는 명문대에 다니는 큰아들은 살뜰히 챙기고 큰아들과는 해외여행도 자주 다녔다고 한다. 알고 보니 이 아이는 이들 부부의 둘째 아들로 지적장애에 자폐 성향을 보이는 장애아동이었다. 아이는 부부에게 버려져 여기저기를 떠돌이처럼 오가면서 제대로 된 보살핌과 교육, 치료, 상담을 받지 못하여 현재 상태가 훨씬 심각해져 심한 조현병 증상에 우울증 자해 행동이 보인다고 한다. 아이가 단지 장애를 가졌다는 이유로 이렇게 처참하게 버려진다는 사실은, 오랜 기간 현장에서 아동 치료와 상담을 하는 사람으로서 결코 묵과할 수 없는 일이었다.

이 사건을 통해 아동 학대와 유기가 얼마나 심각한 사회적 문제인지, 그리고 부모의 역할이 얼마나 중요한지를 다시 한번 절감하게 되었다. 치료와 상담일을 14년 넘게 하면서 다양한 아이들과 그들의 가족을 마주해왔다. 현재 센터를 운영하면서 센터장으로 한 달에 100명이 넘는 아이들을 관리하고, 아이들과 부모님을 상담하면서 그들의 사연을 듣고, 그들의 상처를 조금이라도 치유하기 위해 최선을 다해 왔다.

센터를 운영하면서 치료와 상담을 진행했던 가족 중, 특히 기억에 남는 한 가정이 있다. 엄마와 두 아들 모두 지적장애를 가지고 있었는데, 그 가족들이 보여줬던 가족을 생각하는 마음은 내 마음을 깊이 울렸다. 아버지가 세상을 떠난 후, M 가족은 지역사회의 도움을 받으며 간신히 생활을 이어가고 있었다. 하지만 경제 상황은 항상 열악했다. 현재 첫째 아들은 고등학생, 둘째는 중학생인데, 아이들이 일곱 살, 다섯 살이었을 때 아버지가 돌아가셨다고 한다. 그 후, 아버지의 보험금이 나왔는데, 아이들의 큰아버지가 장애가 있는 엄마를 속여 보험금을 가로챘다는 이야기를 듣고 너무도 가슴이 아팠다. 이후로 큰아버지와의 연락이 두절되었고, M 가족은 힘겨운 삶을 살아가야 했다. 아이들은 한창 자라나는 사춘기 소년들답게 음식에 관심이 많고, 잘 먹었다. 그래서 상담이 끝난 후 집에 갈 때면 나는 치킨이나 핫도그, 피자 같은 음식을 자주 사주곤 했다. 첫째 아이에게 핫도그를 사주면, 따뜻할 때 먹지 않고 포장된 그대로 집으로 가져가곤 했다. 둘째 역시 마찬가지였다. 센터에서 그들의 집까지는 버스를 타고 30분이나 걸리는 산골짜기 마을에 있었는데, 핫도그가 다 식어서 맛이 없을 법한데도 아이들은 따뜻할 때 먹지 않고 꼭 집으로 가져가 가족들과 함께 먹으려 했다. 가족을 향한 그 따뜻한 마음이 얼마나 깊은지 느낄 수 있었다. 아이들이 보여준 가족애는 너무나도 순수하고 진실됐다.

M 가족을 보면서 나 자신과 남편과의 관계에 대해 깊이 생각하게 되었다. 우리 부부는 겉으로는 잘 지내고 있는 듯 보이지만, 그 안에는 섬세한 배려나 애틋한 사랑이 부족한 부분이 있다는 것을 깨달았다. 가족이라는 이름 아래 익숙함에 안주하고, 서로를 진심으로 돌보거나 특별한 애정을 표현하지 못한 채 그냥 하루하루를 보내고 있다는 생각이 들었다. 아이들이 식어버린 핫도그를 기꺼이 집에 가져가 가족과 나누려 했던 그 따뜻한 마음처럼, 그런 섬세한 마음을 나누지 못하고 있는 것은 아닌가 하는 반성이 들었다. 서로를 너무 당연하게 여기면서, 진정으로 마음을 나누는 시간들이 줄어든 것 같다. M 가족이 보여준 작은 행동 속에서 나는 사랑과 배려가 일상에 녹아 있어야 한다는 것을 다시금 깨달았다.
단순히 '가족'이라는 이름만으로 관계를 유지하는 것이 아니라, 서로가 서로에게 소중한 사람임을 느끼게 해 주는 그런 사랑을 나누고 싶다. 이전에는 바쁜 일상에서 소홀했던 부분들이 많았다면, 이제는 의도적으로라도 더 자주 마음을 표현하고, 작은 것에서부터 남편을 챙기려 한다. 핫도그를 가족과 함께 나누고 싶어 했던 아이들처럼, 나도 남편과 더 따뜻한 시간을 나누고 싶다. 우리가 가진 시간 속에서, 더 많은 애정과 관심을 서로에게 주며, 진정으로 가족이자 동반자로서 서로를 아껴주는 관계로 변화를 만들어가고 싶다. 이 경험은 나 자신과 가족을 돌보는 것, 그리고 다른 사람들의 고통을 함께 나누는 것, 이 두 가지 모두가 진정한 사랑과 배려에서 비롯된다는 것을 다시 한번 깨닫게 되었다.

앞으로 나는 내 일과 가족 사이에서 균형을 맞추며, 내가 할 수 있는 최선을 다해 살아가고자 한다. 상담사로서의 경험과 지식을 바탕으로, 아이들과 그들의 가정에 긍정적인 영향을 미칠 수 있는 사람이 되고 싶다. 그 과정에서 얻은 깨달음과 사랑을 나누며, 진정으로 사람들을 위하는 마음을 잊지 않고 살아갈 것이다. 14년이라는 시간 동안 치료사로 심리상담사로 센터를 운영하면서 나의 직업에 대한 열정은 날이 갈수록 깊어지고 있다. 처음 이 일을 시작했을 때의 열정은 내담자들의 고통을 덜어주고, 그들의 삶을 조금이나마 더 나아지게 하는 데서 오는 기쁨에서 비롯되었다. 시간이 흐르면서, 단순히 문제를 해결하는 것을 넘어, 사람들의 삶에 긍정적인 변화를 일으킬 수 있는 중요한 역할을 맡고 있다는 것을 깨닫게 되었다.

심리상담사는 사람들의 내면을 이해하고, 그들의 감정과 생각을 존중하며, 그들이 자신의 문제를 해결할 수 있도록 돕는 가이드 역할을 하는 거 같다. 이 과정에서 내담자들이 점차 자신의 힘을 찾아가고, 더 나은 삶을 살아갈 수 있도록 돕는 것에서 큰 보람을 느낀다. 그동안 수많은 내담자와 함께한 경험은 나에게 그 어떤 책이나 이론보다도 값진 배움의 기회를 제공했다. 앞으로도 저는 심리상담사의 역할을 충실히 수행하며, 더 많은 사람에게 긍정적인 영향을 미치고 싶다. 또한, 끊임없이 배우고 성장하며, 변화하는 사회와 사람들의 필요에 맞춰 저 자신을 발전시켜 나가고자 한다. 심리상담 분야는 끊임없이 진화하고 있으며, 이러한 변화를 적극적으로 받아들이고, 새로운 지식과 기술을 습득하여 내담자들에게 더 나은 상담 서비스를 제공하고자 한다.

마지막으로, 경험을 통해 깨달은 것은, 상담사의 일은 단순한 직업이 아니라, 사람들의 삶에 깊이 관여하는 일이라는 것이다. 그러므로 나는 이 일을 할 때마다 진정성과 열정을 가지고 임할 것이다. 내담자들이 나를 믿고 자신의 가장 깊은 고민을 털어놓는 만큼, 나는 그들의 신뢰에 보답하기 위해 최선을 다할 것이다. 앞으로도 이 일을 사랑하며, 더 많은 사람의 삶에 긍정적인 변화를 끌어낼 수 있는 심리상담사가 되기를 나는 꿈꾸고 있다.

❋ 마치는 글 ❋

강명경

평범한 어린 시절을 지나 나름의 굴곡을 만났고 상처치유를 받았다. 이를 시작으로 내가 도움을 받았듯이 상담 현장에서 발달상 도움이 필요하거나, 상처 된 마음 치유가 필요한 이들을 10년째 만나오고 있다. 그 과정에서 뇌 교육을 배웠고 연구자로서도 역할을 하고 있다. 내 안의 나를 마주하는 건 쉬운 것 같으면서도 어렵다. 그건 마치 내면 속의 깊고 고요한 바닷속을 오롯이 혼자 들어가서 부딪혀 보는 일, 살기 위해 조금씩 아래로 내려갔다가 수면 위로 다시 올라오는 반복된 과정 같다. 내겐 여러 번 시도하고 두려움을 마주하는 용기가 필요했다. 이번 글 작업을 통해 과거의 두려움에 묻힌 나를 만난다. 숨을 천천히 깊게 쉬면서 하나씩 바라본다. 든든한 내가 함께한다. 한 글자씩 글을 쓰고 마무리를 짓는다. 나를 위한 또 다른 발돋움의 과정이다. 이 과정은 내겐 감사한 선물이다. 그리고 곁에서 함께한 동료의 존재, 함께라는 연결고리로 서로 끌어주고 밀어주며 응원해 준다. 함께 한다는 건 내 안에 또 다른 좋은 에너지로 충족된다. 나도 존재만으로도 힘이 되어주는 존재로서 자리하고 싶다.

김명서

　상담자로 자기 성찰을 위해 공부와 수련을 통해 자기 역량을 키우며, '나'에 대해 깊이 바라보고 그 과정에서 자기(self)에 대해 확장되어 가는 자아를 만날 수 있습니다. 있는 그대로, 있었던 그대로 온전히 인정하고 받아들이며 사람들의 삶에 대해 비판이나 평가하지 않고 그대로 바라보는 눈을 갖게 되었습니다. 이번 '내면 아이' 공저에 참여하면서 나의 어린 시절의 기억을 다시 끄집어내고 정리하며 단단해진 나를 재발견하고, 상담사로 성장한 나를 인정하며 그런 자신을 반가운 마음과 기쁨으로 마주하는 기회였습니다. 솔직하고 담담하게 풀어 쓴 글 안에서 삶의 아픔과 성장을 갈망하는 이들이 희망을 품을 수 있기를 소망해 봅니다. 당신도 할 수 있습니다. 포기하지 마세요. 당신을 위해 준비된 상담사가 있습니다. 자기를 사랑하고 감사한 마음을 보내는 오늘이 되길 바랍니다. 나를 돌보는 날, 바로 오늘, 지금입니다.

김양희

'토닥토닥'이라는 말 자체만으로도 따뜻하고 위로가 된다. 누구보다 나 자신을 토닥여주고 싶었다. 힘들 수도 있지만, 용기 내어 마주해 보기로 했다. 들추기 싫어 꽁꽁 싸매놓은 비밀들이 수면 위로 올라올수록 고개를 돌리고 아닌 척 외면하는 나를 발견한다. "아프다", "안쓰럽다." 남들에게 하듯 위로해 주고 싶었다. 그럴싸한 말들로 포장하는 것이 아니라 참다운 나를 발견하고 안아주고 싶다. 과거의 시간을 부정하기보다 수용해 주련다. 지금의 나를 그대로 인정하며 나에게 주어진 시간에 감사를 보낸다. 부족하고 고집스러운 나를 참고 인내해준 남편과 마음의 위로요 삶의 이유인 두 아들에게도 고마운 마음을 전해본다. 이름 뒤에 붙는 상담사 호칭에 아직도 자신 없고 두려움이 앞설 때가 많지만 천천히 나만의 속도로 포기하지 않고 한발 한발 전진해 보련다. 20살 무렵부터 꿈꿔오던 60살의 해외 봉사 나갈 시간이 점점 다가옴을 느끼며 입가에 알 수 없는 미소가 번진다. 꿈을 이룬 멋진 할머니가 되고 싶다.

모랫글

나에게 모래놀이치료는 눈 뜨고 꾸는 꿈이다. 무의식을 의식화하여 자신의 가치를 발견하는 경험을 모래놀이가 제공하기 때문이다. 남녀노소를 불문하고, 정서적 어려움을 겪고 있는 내담자가 스스로 낫기 위해서는 어느 정도의 고통과 인내가 필요하다. 무의식에 잠재된 자기 치유력이 활성화될 수 있도록 노력해야 한다. 이를 돕기 위해 모래 상자와 상담사가 존재한다고 생각한다. 모래 상자는 내담자가 자신의 세계를 자유롭게 만들면서 통찰력을 발휘하게 한다. 상담사는 현재의 세계를 변형시킬 수 있는 기회를 제공한다. 그리고 내담자가 안전한 상황에서 자기 내면의 소리를 내도록 보호하고 수용하는 자세를 유지한다. 판단하지 않는다. 내담자가 창조적으로 만들어가는 세계를 따라가며 동행해 준다. 논에 물꼬를 트듯 수로를 낼 수 있도록 도움을 주기도 한다. 이런 치유의 과정에서 내담자는 스스로 삶의 방향을 찾아가는 놀라운 경험을 하게 된다. 치료자인 나는 내담자들을 만날 때마다 버텨주고 옆을 지켜주며 모랫글에 꽃을 피운다. 돌처럼 순하지만 난초처럼 향기로운 사람 꽃을 피운다.

소유

　에세이를 작업을 할 때 과거를 떠올려야 하는 것은 때론 내게
고통이다. 그러나 다행히도, 기승전결 4단계로 극복한 과정을 적
다 보면 내가 그렇게 뿌듯하고 자랑스러울 수가 없다. 서툴고 혼란
스럽던 때가 있었기에, 지금의 여유는 더욱 값지게 느껴진다. 살
면서 아찔했던 슬럼프들이 있었다. 그런 과정을 잘 견뎌낼 수 있
게 해준 것은 나를 귀하게 생각해준 내 안의 내가 있다. 위기 때
면 나타나는 내 안의 나. 그런 나와 자주 소통하려고 노력하고 있
다. 모른 척 하거나 원만한 소통이 되지 않았다면, 고통에서 영원
히 빠져나올 수 없었을지도 모른다. 내가 글을 쓰면서 더 확실하
게 알게 됐다. 그동안 나를 지켜준 고맙고, 사랑스럽고, 자랑스러
운 나. 태어나면서부터 곁에 있어준 나. 내 영혼. 네가 있어 감사
하다. 우리가 함께라면, 어떤 모험도 그 결과는 아름다울 것이다.

송기홍

　상담 현장에서 내담자를 만나다 보면 상담자를 닮은 내담자를 만나기도 한다. 잊고 살았었는데, 내담자를 만나다 보면 고민하고 힘들어했던 과거를 떠올리게 하는 내담자가 있다. 나만 그랬던 것이 아니라, 많은 사람이 비슷한 문제를 안고 살아감을 느낀다. 죽을 만큼 힘들었을 때, 그 순간을 견딜 수 있었다. 그 비결이 사람마다 다르겠지만, 결국은 해결되더라는 것이다. 어떤 때는 신앙의 힘으로, 어떤 때는 지인의 지지와 격려로, 또 어떤 때는 상담사의 도움으로 그 힘든 순간을 용케도 견뎌냈다. 이제 상담사의 길을 간다. 상담사라고 해서 고민과 갈등이 없는 것은 아니지만 그래도 이 길을 가면서 보람을 느낀다. 전혀 모르고 지내던 사람인데, 도움이 필요한 내담자를 만나 그의 인생에 도움이 되길 바라며 오늘도 그를 만난다. 이미 만났던 내담자 중 어떤 사람은 일상을 회복하고 행복하게 살아가는 사람도 있지만, 어떤 사람은 상담이 끝까지 이어지지 못하고 중도 탈락한 경우나, 상담 효과를 누리지 못하는 사람을 생각하면 마음이 무겁다. 그러나 한 번의 상담으로 모든 것을 다 해결할 수 없을지라도 언젠가 문제는 해결되길 바란다. '모든 문제에는 반드시 답이 있다'라는 생각으로 끝까지 포기하지 않았으면 좋겠다.

이선희

　학창 시절 일기와 힘겨웠던 시절에 적었던 글을 버렸다. 시간이 지나 읽어보니 유치하고 부끄러웠다. 소중한 재산인데 왜 버렸는지 후회했다. 글을 쓰면서 상처라 생각했던 시간이 소중하다는 것을 알았다. 견디고 성장하여 지금/여기 있음에 감사하다. 이제는 과거에 얽매이지 않는다. 가끔 무디게 살면서 나에게 속아줄 수 있었을 텐데, 부여잡고 끙끙거렸는지 모르겠다. 상담하면서 회복되었다. 내면의 어린아이에서 벗어나 생각하고 행동하는 나를 본다. 힘들었던 시간에 미소 지으며 누군가에게 힘이 되는 존재로 사는 것이 행복하다. 생각해 보니 처음인 것이 많았다. 아내도, 엄마도 처음이라 상처 주는 일이 많았다. 상담 경력이 쌓일수록 겁없이 덤볐던 시간이 생각났다. 내가 최고인 것처럼 착각한 적도 있었다. 나를 되돌아보니 겸손할 수 있었다. 내담자를 만나면서 '잘하고 있나?' 생각하며 갈등했다. 내담자의 속도에 맞추지 않고 혼자 앞서갈 때도 있다. 그럼에도 불구하고 내일이 기대되고 누구를 만날지 설렌다. 그래서 행복하다. 소망한다. 이 세상을 떠날 때 따뜻하고 감동을 준 사람으로 기억되고 싶다.

임성희

　많은 이들을 만나면서 평범한 일상에서 특별함을 발견하고, 작은 것들 속에서 큰 기쁨을 느끼며 지냈다. 상담은 우리에게 매일 새로운 기회를 선물한다. 그 속에서 소중한 순간들을 발견하고, 더 나은 내일을 꿈꿀 수 있게 해준다. 상담사로 내담자에게 도움을 주기도 하지만 자기 치유가 된다. 칠흑 같은 어둠 속을 지나 어느새 빛을 찾을 수 있는 힘을 기르고 자신을 발견할 수 있다. 여기가 어딘지, 얼만큼 왔는지 잘 모르겠지만 가고 있는 것은 확실하다. 감사함과 동시에 긍정적인 나의 정신과 마음을 나누고 싶다. 이 감정을 알게 된 이상, 나는 지금 같은 삶을 살아갈 것이다. 직접 느껴보지 않았다면 평생 몰랐을 감정을 글로 쓰며 마음 깊이 울림을 주는 순간들을 공유할 수 있어 참 뜻깊다. 글로 남기는 새로운 여정을 시작하는 것과 또 다른 아름다운 이야기가 시작되길 기대해본다.

정명자

　글을 쓰고 책이 출간되는 기대를 하면서 한여름 더위를 즐겁게 보냈다. 상담은 어린 시절의 아픈 기억을 치유해 주었고, 그 시간을 회상하며 글을 쓰는 시간은 또 다른 나를 발견하는 기회였다. 서 말의 구슬을 꿰어서 보화가 만들어지듯이, 미처 깨닫지 못했던 소중한 것들을 글을 쓰면서 알아차리는 보배로운 시간이었다. 30대 중반에 친정어머니가 돌아가셨을 때, 진정한 애도를 못 한 채 답답하고 모호한 감정을 자주 느꼈었다. 40대가 되어서 시작한 상담 공부를 하면서 비로소 가슴으로 어머니를 새롭게 만날 수 있었다. 재혼가정의 혼란스러운 가족 체계와 감추고 싶은 수치심이 깊은 내면에 도사리고 있다는 것도 알게 되었다. 더 중요한 것은 생명을 주신 부모님이 어떠하셨던 그 운명 그대로 존중하며 물러나 나의 삶을 사는 것이다. 자녀가 부모에게 평가와 분별을 할 때, 무의식에서 자신을 벌주는 얽힘의 관계로 어려움을 겪는다. 부모인 나를 있는 그대로를 존중하는 나의 자녀의 삶이 편안하길 언제나 소망한다. 부모님과 나, 그리고 자녀들이 사랑으로 연결되어 세상을 살아갈 때 든든한 힘이 될 것을 믿는다.

조미주

심리상담사이자 치료센터의 센터장으로서, 내담자들이 자신의 내면을 탐구하고 치유할 수 있도록 돕는 데 전념하고 있다. 수많은 내담자와 만나며, 그들의 삶에 긍정적인 변화를 이끌어내는 과정을 지켜보며 나 자신도 끊임없이 배우고 성장할 수 있었다. 언어재활사로서, 발달에 어려움을 겪는 아이들과 함께한 시간들은 특히 큰 의미가 있었다. 아이들이 자신을 표현하고, 세상과 소통할 수 있는 능력을 키워나가는 모습을 보며, 그들의 삶이 더 밝고 풍요로워질 수 있도록 돕는 일이 얼마나 가치 있는지 절실히 깨달았다. 우리는 함께 성장하며, 내담자들이 더 나은 삶을 살 수 있도록 지속적으로 지지하고, 그들의 옆을 지켜주는 든든한 동반자가 될 것이다. 이번 책을 통해, 그동안의 경험과 배움을 정리하고, 이를 더 많은 사람과 나눌 기회를 얻게 되어 매우 기쁘다. 앞으로도 더 많은 사람에게 힘이 되어주고, 그들의 삶이 더 나은 방향으로 나아갈 수 있도록 함께하는 동반자의 역할을 이어갈 것이다. 이 책을 읽는 모든 분께 감사드리며, 여러분의 여정에 작은 등불이 되기를 진심으로 바란다.